VOL.30

CB032522

Dados Internacionais de Catalogação na Publicação (CIP)
Câmara Brasileira do Livro, SP, Brasil

Stokoe, Patricia
S883e   Expressão corporal na pré-escola / Patricia Stokoe, Ruth Harf;
[tradução de Beatriz A. Cannabrava. 5. ed. – São Paulo : Summus,
2015. (Novas buscas em educação; v. 30)

Bibliografia
ISBN 978-85-323-0319-6

1. Capacidade motora em crianças   2. Expressão corporal em crianças
I. Harf, Ruth   II. Título   III. Série

CDD-372.21
87-2075   -613.7042

Índices para catálogo sistemático:
1. Crianças : Expressão corporal : Higiene   613.7042
2. Expressão corporal : Pré-escola : Educação 372.21
3. Expressão corporal infantil : Higiene   613.7042
4. Psicomotricidade : Aprendizagem : Pré-escola 372.21

www.summus.com.br

Compre em lugar de fotocopiar.
Cada real que você dá por um livro recompensa seus autores
e os convida a produzir mais sobre o tema;
incentiva seus editores a encomendar, traduzir e publicar
outras obras sobre o assunto;
e paga aos livreiros por estocar e levar até você livros
para a sua informação e o seu entretenimento.
Cada real que você dá pela fotocópia não autorizada de um livro
financia o crime
e ajuda a matar a produção intelectual de seu país.

Expressão corporal na pré-escola

Patricia Stokoe
Ruth Harf

summus
editorial

Do original em língua espanhola
LA EXPRESIÓN CORPORAL EN EL JARDÍN DE INFANTES
Copyright © 1980 by Patricia Stokoe e Ruth Harf
Direitos desta tradução adquiridos por Summus Editorial

Tradução: **Beatriz A. Cannabrava**
Capa: **Edith Derdyk**
Direção da coleção: **Fanny Abramovich**
Impressão: **Sumago Gráfica Editorial**

Summus Editorial

Departamento editorial
Rua Itapicuru, 613 – 7º andar
05006-000 – São Paulo – SP
Fone: (11) 3872-3322
Fax: (11) 3872-7476
http://www.summus.com.br
e-mail: summus@summus.com.br

Atendimento ao consumidor
Summus Editorial
Fone: (11) 3865-9890

Vendas por atacado
Fone: (11) 3873-8638
Fax: (11) 3872-7476
e-mail: vendas@summus.com.br

Impresso no Brasil

NOVAS BUSCAS EM EDUCAÇÃO

Esta coleção está preocupada fundamentalmente com um aluno vivo, inquieto e participante; com um professor que não tema suas próprias dúvidas; e com uma escola aberta, viva, posta no mundo e ciente de que estamos chegando ao século XXI.

Neste sentido, é preciso repensar o processo educacional. É preciso preparar a pessoa para a vida e não para o mero acúmulo de informações.

A postura acadêmica do professor não está garantindo maior mobilidade à agilidade do aluno (tenha ele a idade que tiver). Assim, é preciso trabalhar o aluno como uma pessoa inteira, com sua afetividade, suas percepções, sua expressão, seus sentidos, sua crítica, sua criatividade...

Algo deve ser feito para que o aluno possa ampliar seus referenciais do mundo e trabalhar, simultaneamente, com todas as linguagens (escrita, sonora, dramática, cinematográfica, corporal etc.).

A derrubada dos muros da escola poderá integrar a educação ao espaço vivificante do mundo e ajudará o aluno a construir sua própria visão do universo.

É fundamental que se questione mais sobre educação. Para isto, deve-se estar mais aberto, mais inquieto, mais vivo, mais poroso, mais ligado, refletindo sobre o nosso cotidiano pedagógico e se perguntando sobre o seu futuro.

É necessário nos instrumentarmos com os processos vividos pelos outros educadores como contraponto aos nossos, tomarmos contato com experiências mais antigas mas que permanecem inquietantes, pesquisarmos o que vem se propondo em termos de educação (dentro e fora da escola) no Brasil e no mundo.

A coleção *Novas Buscas em Educação* pretende ajudar a repensar velhos problemas ou novas dúvidas, que coloquem num outro prisma preocupações irresolvidas de todos aqueles envolvidos em educação: pais, educadores, estudantes, comunicadores, psicólogos, fonoaudiólogos, assistentes sociais e, sobretudo, professores... Pretende servir a todos aqueles que saibam que o único compromisso do educador é com a dinâmica e que uma postura estática é a garantia do não-crescimento daquele a quem se propõe educar.

Viver e crescer em seu corpo.
Sentir e criar com seu corpo.
Expressar e comunicar com seu corpo.

ÍNDICE

Apresentação da Edição Brasileira 11

Prefácio 13

I. DEFINIÇÃO DA EXPRESSÃO CORPORAL .. 15

Conteúdos da Expressão Corporal 18

Diversas Técnicas do Movimento Corporal 24

Diversos Estímulos 28

II. POR QUE PROPOMOS QUE SE INCLUA A EXPRESSÃO CORPORAL NA PRÉ-ESCOLA 29

III. POR QUE ESCOLHEMOS ESTA UNIDADE .. 31

IV. A HISTÓRIA DA CRIANÇA 35

Contexto da Tarefa 35

Preliminares 36

As Abordagens: O Presente 41

As Abordagens: O Passado. Onde estavam, como eram e o que podiam fazer desde antes de nascer até o presente 62

As Abordagens: O Presente e o Futuro 95

V. REFLEXÕES SOBRE A INTEGRAÇÃO DA TEORIA E DA PRÁTICA DESSA ATIVIDADE 103

Como se Entrelaça a Expressão Corporal com a Vida Escolar 103

Em que Consiste uma Aula de Expressão Corporal 105

VI. EXEMPLO DE ESQUEMAS DE AULAS REA-
LIZADAS NA PRÉ-ESCOLA 107

    Apêndice A 115

    Seleção de Textos 115

    Apêndice B 134

    Registro de um Trabalho 134

Bibliografia 147

APRESENTAÇÃO DA EDIÇÃO BRASILEIRA

Ao acabar de ler o trabalho de Patricia Stokoe e Ruth Harf tive a certeza de que o espaço até então carente na área da expressão corporal na pré-escola começava a ser preenchido.

A capacidade que a criança tem de expressar-se corporalmente através de movimentos livres, sem estereótipos, não se discute. Porém, diante de um mundo de incertezas, exigente nos processos de educação, essa espontaneidade vai se perdendo em detrimento de questões morais e sociais, preconceitos religiosos e sexuais e, por fim, recebendo punições que entram em cena reprimindo o movimento.

Os estudos sobre o corpo se multiplicam e quase sempre concentram suas propostas de trabalho em idades mais avançadas. Entretanto, as lacunas deixadas pela ausência do trabalho corporal com crianças na faixa etária da pré-escola conduzem aqueles a funções "terapêuticas" ou quando esses objetivos são apenas artísticos constatamos seqüelas de difícil recuperação.

A linguagem corporal é tão completa e complexa quanto a linguagem verbal. Ambas sofrem repressões e limitações. Contudo, a fala — por exigência do cotidiano e das dependências que temos como ser social — continua sendo praticada e exercitada, tornando-se nosso meio de comunicação. A expressão do corpo pelo movimento termina esquecida ou anulada e é expressa apenas por pequenos gestos codificados.

Se o corpo é reprimido, o movimento não pode ser livre. Cria-se assim uma dicotomia entre essas duas formas de comunicação que devem caminhar juntas e em harmonia. O homem é um ser total e necessita de uma infância sadia para atingir esse objetivo.

O trabalho proposto neste livro não se restringe somente ao treinamento psicomotor, visando o amadurecimento integral para as exigências crescentes e constantes durante a vida escolar. Vai mais adiante. Torna conscientes as limitações e possibilidades corporais, estabelece o limite entre a aventura e a segurança. Libera o movimento em relação ao tempo de duração, ao espaço que ocupa e sua forma.

Dominando o movimento a criança torna-se criativa, expressando-se corporalmente.

O direito à consciência corporal não é um privilégio do adulto. A criança conhecendo seu corpo aprende a amá-lo e, dessa forma, se impõe diante de um mundo competitivo que não considera as diferenças cronológicas.

O modelo de trabalho aqui proposto resulta de uma experiência vivida por alunos, professores e algumas mães de uma escola pública em Buenos Aires. Os resultados aqui relatados nos dão a certeza e validade dessa proposta simples, direta e espontânea e apoiada numa metodologia bem fundamentada, demonstrando os cuidados necessários que a criança requer.

Enfim, não será exagero também dizer que a proposta de Patricia e Ruth é tão bonita quanto a infância e que ela mergulha no mundo mágico da criança brincando de conhecer o corpo.

Conceição Castro
Salvador, agosto de 1987.

PREFÁCIO

Escrevemos este prefácio depois de haver terminado a redação do nosso livro. A resposta foi a de avaliar o produto de nossos esforços para assegurar-nos de que os conteúdos haviam sido abordados com clareza; de que os objetivos escolhidos no início haviam sido alcançados.

Quais eram esses objetivos?

Definir a expressão corporal; situá-la, depois, no contexto da educação sistematizada; destacar sua importância para a atividade específica da pré-escola e oferecer um projeto de unidade que servisse como modelo.

Esse desenvolvimento teórico tem por base uma prática constante e, portanto, está sujeito a sucessivas correções e modificações posteriores.

Há um ponto que desejaríamos deixar bem claro aqui: a expressão corporal não se esgota com o que se diz neste livro, uma vez que, como atividade, abrange muito mais; simplesmente, tomamos do vasto campo da expressão corporal, aqueles aspectos necessários para uma aproximação à sua aplicação na pré-escola.

Desejamos também explicar por que este livro procura ser um modelo e não um receituário. O que desejamos deixar claro é a necessidade de que cada educador seja criador e crítico. Isto significa que a melhor recompensa para nosso trabalho seria que, a partir dos elementos que aqui utilizamos, cada docente elaborasse seu próprio processo, sua própria criação e sua própria unidade de trabalho. Também agradeceríamos se nos fizessem chegar suas críticas e suas contribuições.

Este livro inspirou-se no nosso desejo de realizar um trabalho interdisciplinar em benefício da criança, seus pais e educadores.

Agradecemos a colaboração de numerosos profissionais, especialmente da professora Nelly Osuna, especialista em psicomotricidade, que colocou à nossa disposição seus amplos conhecimentos acerca da evolução psicomotora da criança; do licenciado Jorge Rodríguez, psicólogo institucional, que nos ajudou a iniciar esta tarefa conjunta; da professora Maria Inés Bottafuoco, da área de educação física, que nos assessorou no que diz respeito à avaliação das práticas e das professoras Hebe Duprat e Cristina Fritzche, que leram o manuscrito e nos deram úteis sugestões.

Reconhecemos, ainda, a valiosa contribuição de todos aqueles autores cujos textos deram fundamentação teórica ao nosso trabalho.

Por último, queremos destacar a importância desta nossa ocupação não apenas na primeira infância, mas durante toda a vida. Se este livro servir de estímulo aos pais, proporcionando-lhes idéias para brincar com seus filhos, bem como aos professores que trabalham com crianças de outras idades, então teremos cumprido amplamente nosso propósito: proporcionar às crianças a oportunidade de conseguir uma maior harmonia conhecendo-se, divertindo--se, criando, brincando e comunicando-se com seus corpos.

I.

DEFINIÇÃO DA EXPRESSÃO CORPORAL

A expressão corporal é uma conduta espontânea pre-existente, tanto no sentido ontogenético como filogenético; é uma linguagem através da qual o ser humano expressa sensações, emoções, sentimentos e pensamentos com seu corpo, integrando-o, assim, às suas outras linguagens expressivas como a fala, o desenho e a escrita.

O objetivo dessa atividade, que em sua forma especificamente organizada chamamos de expressão corporal, é multifacetado: engloba a sensibilização e a conscientização de nós mesmos tanto para nossas posturas, atitudes, gestos e ações cotidianas como para nossas necessidades de exprimir-comunicar-criar-compartilhar e interagir na sociedade em que vivemos. Sem o corpo o homem não existe como tal; valorizamos o corpo à medida que contemplamos o ser humano enquanto entidade que deve desenvolver-se como uma estrutura integrada em movimento, e questionamos a progressiva dicotomização que nossa sociedade tende a fomentar entre nossas áreas psíquica e corporal.

A expressão corporal, como linguagem imediata, afirma o conceito do ser humano expressando a si mesmo, consigo mesmo, sem uma necessidade peremptória de recorrer a elementos ou instrumentos alheios a ele, o que não significa que em alguns momentos desse processo não possa se servir desses instrumentos.

O que queremos dizer com isto é que, desde um primeiro momento, o indivíduo é seu próprio instrumento.

Ele é ele mesmo e, ao mesmo tempo, o instrumento com que se expressa.

A expressão corporal está integrada ao conceito da dança. Entendemos por dança uma resposta corporal a determinadas motivações. Coçar-se também é uma resposta corporal, mas ninguém poderia dizer que coçar-se para eliminar uma incômoda sensação seja dança. Não obstante, aquele que se coça de forma organizada e rítmica, com um fim expressivo e comunicativo determinado, pode transformar o caráter meramente funcional de tal ato numa dança da "coceira".

Esse mesmo conceito é aplicável a qualquer ação cotidiana. Obteríamos, assim, danças para as mãos e braços (por exemplo: empurrar e puxar, esticar e apertar, agarrar e jogar), bem como para pés e pernas (por exemplo: pisar, deslizar, chutar, saltar).

Portanto, vemos que qualquer ação funcional pode converter-se em dança, mudando-se o objetivo e agregando uma organização temporal-espacial-energética. Com isso nos referimos ao seguinte: o aspecto temporal regula as variações da velocidade do movimento; o aspecto espacial contempla as variações do porte e da forma do movimento, e do lugar onde este se realiza, e o nível energético engloba as variações da força com que este se efetua.

Voltando ao nosso exemplo, se sinto uma coceira, eu me coço para recuperar meu equilíbrio interno funcional, e uma vez que a coceira passou, deixo de coçar-me. Ao transformar isso em dança, o objetivo é diferente, já que eu não me coço simplesmente para acalmar a coceira, mas posso começar a brincar com essa ação básica de coçar, independentemente da necessidade funcional de acalmar uma coceira.

Meu objetivo pode ser agora o de transmitir a outros um determinado estado de ânimo, um ritmo interno, ou criar novos movimentos a partir desse primário, de coçar-se.

Vemos, mediante este exemplo, a relação que existe entre os movimentos funcionais e a dança.

Para nós a dança não é apenas cópia ou imitação de criações alheias; damos também o nome de dança a essa criação pessoal, que não está distante das possibilidades de nenhuma pessoa já que, como demonstramos, está baseada naquilo que todos temos, nosso corpo e seus movimentos funcionais, mas com uma categoria a mais: a criatividade.

Até aqui nos referimos à possibilidade de converter uma ação funcional em dança, mas a dança também encerra a possibilidade de dar corpo a imagens, fantasias, idéias, pensamentos e sentimentos e, portanto, não se esgota no que dissemos anteriormente. A dança é a expressão corporal da poesia latente em todo ser humano.

Consideramos a atividade organizada sob o nome de expressão corporal, dotada de objetivos específicos, como uma atividade artística, desde que por artístico se entenda tudo aquilo que desenvolve a sensibilidade, a imaginação, a criatividade e a comunicação humanas.

É uma linguagem por meio da qual o indivíduo pode sentir-se, perceber-se, conhecer-se e manifestar-se. É um aprendizado em si mesmo: o que o indivíduo sente, o que quer dizer e como quer dizê-lo.

Aprendizado de si mesmo: com esse conceito não estamos dizendo que os atos da criança percam a espontaneidade, mas que, pelo contrário, o ser humano é por natureza um ser espontâneo que põe em jogo, a cada instante, a sua capacidade criativa.

Nesse aprendizado de si mesmo apelamos à sua possibilidade de transformação e ao aproveitamento de sua própria espontaneidade e criatividade com o objetivo de chegar a um maior aprofundamento e enriquecimento de sua atividade natural.

A expressão corporal é, assim, uma espécie de estilo pessoal de cada indivíduo, manifestado através de seus movimentos, posições e atitudes.

É o aprofundamento de si mesmo, mas não só isso, uma vez que esse aprofundamento tem uma finalidade: comunicar-se. É o aprofundamento da maneira de interagir com outros. Isso implica que, embora não haja necessariamente um aprendizado de uma série de passos ou gestos preestabelecidos, chegar-se-á à concretização de certos padrões de conduta compartilhados. Existe em cada indivíduo a necessidade básica de poder expressar-se tal como é, e o desejo de que essa expressão, mesmo não sendo compartilhada, seja compreendida por ele ou pelos outros.

Recapitulando o que dissemos até agora, descreveremos a expressão corporal como uma atividade especificamente organizada, relativa a um aspecto da conduta humana. É precisamente mediante essa atividade planejada que a linguagem corporal se enriquece, graças a um processo de aprendizado que abrange o âmbito da sensação, da percepção e das práticas motoras.

A expressão corporal se manifesta em quatro níveis fundamentais. Esquematicamente:

a pessoa em relação a si mesma;

a pessoa em relação a outras pessoas;

a pessoa em relação a outros seres vivos;

a pessoa em relação aos objetos.

CONTEÚDOS DA EXPRESSÃO CORPORAL

Todo trabalho de expressão corporal possui uma metodologia e, por essa mesma razão, uma série de passos ou ações que devem ser levadas em consideração, seja de forma sucessiva, alternada ou integrada, e uma série de elementos e procedimentos que levam à consecução dos seus fins.

Baseadas em nossa experiência e em trabalhos sobre o tema, chegamos à conclusão de que esses momentos ou aspectos são os seguintes:

Pesquisa;

Expressão;

Criação;

Comunicação.

Pesquisa

Pesquisar, para nossos fins, é pesquisar para conhecer e transformar; é ir além do mero atuar automático, é tratar de averiguar o "como", o "por quê" e o "para quê" de nosso corpo e suas ações.

Em nossa pesquisa, vamos verificar o que acontece conosco ao realizarmos determinadas ações, que tipos de ações podem ser realizadas sobre um mesmo objeto, que tipo de sensações pode provocar em nós um objeto e como é o objeto sobre o qual atuamos.

Consideramos objeto não apenas as coisas que nos cercam, mas também o nosso corpo contemplado global ou parcialmente, assim como o corpo do outro, já que podem ser objeto de nossa pesquisa.

Agregamos ao conceito de pesquisar o de conhecer. Pesquisamos para conhecer, porque é graças a esse conhecimento que podemos promover modificações e transformações positivas.

Por exemplo: se pesquisarmos nossos pés poderemos conhecer melhor qual é sua forma, tamanho, consistência, pontos e áreas de apoio, articulações e mobilidade. Assim tentaremos melhorar não apenas o seu uso funcional como pé (área de apoio para a postura correta, para caminhar, correr e saltar), mas também enriquecer suas possibilidades de expressão, pois esse é justamente o objetivo de nossa atividade.

Podemos dividir esse processo de pesquisa em dois grandes itens:

1. *As qualidades* que podem ser descobertas num objeto (o "como é").

Forma, tamanho, consistência, textura, superfície, peso, temperatura, cor e características específicas (elasticidade, rebote, resistência, maleabilidade etc.).

2. *As ações* que podem ser realizadas sobre o próprio corpo, outros corpos ou coisas (o "que pode fazer").

Amassar, prensar, golpear, esticar, torcer, sacudir, acariciar, beliscar, apertar, chicotear, apalpar etc.

Expressão

Em nossa tarefa a expressão seria a capacidade de exteriorizar sensações, emoções ou pensamentos por meio do corpo.

A importância que damos à expressão está baseada na seguinte idéia: quanto mais meios de expressão o ser humano puder desenvolver, tanto maior será sua riqueza existencial. O indivíduo que só pode expressar sua vida interior através de uma única via (seja esta escrever, pintar, falar etc.), não realiza todas as suas potencialidades.

Não queremos dizer com isso que o corpo seja o meio mais importante de expressão, mas sim que é uma via a mais, que tem a vantagem de ser o único instrumento de expressão utilizado pelo homem desde que nasce.

Quando nos referimos à expressão através do corpo não estamos insistindo numa libertação de tipo catártico, na qual o corpo seria um mero instrumento de descarga de impulsos, mas nos referimos ao aprendizado da exteriorização de conteúdos em ações significativas para o indivíduo, encaminhadas criativamente, levando em conta o fato de que o homem não existe apenas para si mesmo, senão também para os demais, o que implica em processos de comunicação e interação. O indivíduo que se expressa com seu corpo deve aprender que vive numa sociedade com outros indivíduos que também se expressam com seus corpos. Desejamos tanto chegar à aquisição de uma linguagem própria como à possibilidade de comunicar essa linguagem ao outro e compreender a dele. Isto é, chegar à formação de códigos compreensíveis que não restrinjam o processo expressivo individual, mas que tampouco limitem a possibilidade de sua leitura.

Criação

Embora nosso objetivo, digamos, fundamental seja estimular a criatividade latente do indivíduo, não podemos deixar de indicar que existe um conteúdo de criatividade em todas as suas ações.

Inclusive no processo de aprendizado que propomos, o momento que denominamos de pesquisa tem seu aspecto criativo, bem como os demais momentos, mas há uma diferença que poderíamos chamar de grau. Por exemplo, quando pesquisamos a consistência podemos pedir à criança que toque o chão com suas mãos e diga se é duro ou mole e depois lhe proporemos que pesquise as partes duras e moles de seu próprio corpo. Esse último incentivo permite um grau de busca criativa na pesquisa. No primeiro caso, a criança responde de forma direta e quase sem matizes a um questionamento direto e praticamente único. Por exemplo: "O chão é duro." No segundo caso, responde a um questionamento que não é direto nem único, mas aberto, com um amplo leque de possibilidades, produto de sua própria iniciativa e imaginação. Por exemplo: "Minhas bochechas são moles", "meus joelhos são duros", "posso endurecer ou amolecer meus músculos" etc.

Para chegar a uma maior e mais fecunda liberdade criativa passaremos por uma série de etapas de aproximação, que serão por nós orientadas através de estimulações para buscas específicas.

Na etapa de criatividade pela própria criatividade daremos ao aluno a oportunidade de escolher ou selecionar as ações que deseja realizar e desenvolver, a partir de um tema, de uma idéia, de um objeto ou de um estímulo sonoro com os quais possa entrar numa relação criativa.

Nesse momento, as intervenções do docente são mínimas ou inexistem, sendo substituídas por regras e normas próprias de cada pessoa, as quais, evidentemente, vêm de uma interiorização dos processos estimulativos do aprendizado, e de uma necessidade espontânea da criança.

Toda improvisação realizada pela criança em nossa atividade pode ficar estancada ou ser posteriormente enriquecida. Ao dizer "enriquecida" nos referimos à repetição. Desde que a criança não perca sua motivação, ela poderá, quantas vezes desejar, voltar a um mesmo tema. É através do processo de repetição que se pode aprofundar e enriquecer todo um vocabulário de movimento e expressividade.

A repetição pode assemelhar-se à criação original ou ser enriquecida por novas contribuições, sejam estas novas idéias ou movimentos, ou o uso de objetos novos.

Ao repetir uma improvisação podemos ter em mente não apenas o objetivo de aprofundá-la e enriquecê-la, mas sim de realizar um verdadeiro aprendizado quanto a novas possibilidades de utilização de nosso corpo, dentro e fora do contexto da aula de expressão corporal. É preciso salientar, entretanto, que também pode haver aprendizado (aquisição de condutas estáveis) no primeiro momento da improvisação. Por exemplo, a criança tímida que se solta o suficiente para atrever-se a improvisar já demonstra, com isso, que houve mudanças em sua conduta.

Ao conceito de criação acrescentamos assim os de repetição, enriquecimento e aprendizado.

Sintetizando, podemos dizer que a criatividade abrange o desenvolvimento da capacidade de:

— observar fenômenos presentes;
— evocar fenômenos passados;

— formar imagens novas;

— imaginar;

— concentrar-se;

— desenvolver e diferenciar entre a imagem reprodutiva (imagem evocada) e a imagem produtiva (imagem nova);

— integrar as contribuições da natureza à vida cotidiana.

Comunicação

Em relação a esse tema acontece o mesmo que no caso dos anteriores: não podemos extrapolá-lo, pois está intimamente relacionado com toda a atividade da expressão corporal, uma vez que esta, por sua condição de linguagem, é um meio de comunicação. Portanto, é difícil fazermos referências isoladas a um "momento de comunicação" em nossa atividade.

Abordamos vários níveis da comunicação: o comunicar-se consigo mesmo (intracomunicação individual), com o outro (intercomunicação interindividual) ou com os outros (intercomunicação grupal), que podem ser participantes ou observadores da atividade.

Quando trabalhamos com a criança insistindo para que pesquise seu próprio corpo, ela entra num processo de comunicação e relação consigo mesma. Esse conhecer é comunicar-se. Quais são as partes duras e moles do meu corpo? Em que partes do meu corpo estou apoiado quando me sento? Que parte do meu corpo se estica quando bocejo? Entendemos que esse nível de pesquisa e conhecimento já é comunicação consigo mesmo.

Essas mesmas observações podem ser aplicadas à comunicação com o outro ou os outros. Quando eu me pesquiso, me toco e sou tocado por mim, meu corpo é meu instrumento e ao mesmo tempo meu objeto de pesquisa e conhecimento. Ao pesquisar e conhecer o outro, meu corpo continua sendo o instrumento que utilizo, mas já não é o objeto de pesquisa; o objeto agora é o corpo do outro.

Não obstante, ao olhar e tocar o corpo do outro, observo que acontecem certas coisas: conheço meu corpo pelo que vejo de similar no corpo do outro, percebo minhas reações a essa aproximação e observo as reações do outro perante essa relação. Além disso, ao ser o objeto da pesquisa e do processo de comunicação do outro não sou um objeto inerte, pois sinto o olhar, o tato e o contato do outro, e isso aguça a consciência da presença de meu corpo para mim mesmo e para o outro.

Observamos três níveis na ação com o outro: a) ação e reação; b) ação e imitação; e c) ação e observação.

a) Enriquecemos o conhecimento do nosso corpo graças à ação e reação do outro e com o outro. Por exemplo:

Eu o empurro e ele também me empurra.

Eu o empurro e ele resiste.

Eu o empurro e ele cai.

b) A criança (e também o adulto) muitas vezes conhece e outras vezes reafirma o que é, o que tem e o que sente, ao observar o que o outro é, o que tem e os sentimentos manifestados por ele. Por exemplo: o jogo do espelho, imitação do outro.

c) Em nosso trabalho também integramos o outro não apenas como participante, mas também como observador.

Entre os elementos e procedimentos que integram a expressão corporal se incluem:

DIVERSAS TÉCNICAS DO MOVIMENTO CORPORAL

A) O corpo: sensopercepção, motricidade e tônus.

B) O corpo no espaço.

C) O corpo e suas qualidades de movimento.

A) Ao nos referirmos à sensopercepção, estamos dando nome a um trabalho que tem como objetivo o desenvolvimento dos sentidos, tanto dos extero-ceptivos (visão, audição, paladar, tato, olfato), que nos proporcionam informação sobre o mundo exterior e sobre a parte externa de nosso corpo, como dos interoceptivos, que nos dão informação sobre o interior do nosso corpo, especialmente os proprioceptivos (isto é, as sensações de motricidade, peso e localização de nosso corpo), que incluem os cinestésicos, relacionados com a percepção dos movimentos.

O termo motricidade refere-se ao movimento corporal. Tônus, em nosso caso, indica o grau de tensão e relaxamento muscular e o equilíbrio estabelecido entre ambos nos momentos de ação e de repouso. Nosso trabalho se orienta no sentido do controle da energia; aprendemos a utilizar a quantidade adequada para cada ação, contribuindo, assim, para a regulagem do tônus.

Esses três aspectos, sensopercepção, motricidade e tônus aplicam-se, em expressão corporal, integrados na ação.

O despertar e a agilização dos sentidos nos permitem ter uma percepção mais cabal do nosso corpo, de suas possibilidades e limitações; essa é a base da formação de bons hábitos, da obtenção de posturas mais corretas, e de ações e atividades nas quais utilizamos de forma adequada e eficaz nossa energia. Uma vez que conseguimos firmar isso, estamos em melhores condições para desenvolver diversas habilidades sem nos prejudicar.

Exemplificaremos esse processo: se queremos corrigir a postura sentada, começaremos buscando os pontos de apoio do corpo nessa posição; trataremos de descobrir os dois ossos de sentar: os ísquios. Isso pode ser feito tocando-os e também percebendo-os em sua função de receptores do peso do nosso corpo. Dessa maneira, podemos observar que se destacam como partes duras entre a musculatura dos glúteos.

Essa tarefa de pesquisa pode ser realizada não apenas tocando ou apalpando, mas também através de movimentos: podemos deslocar o peso do corpo de um ísquio a outro, conseguindo assim um balanço lateral. Podemos também, estando sentados sobre ambos os ísquios, deslocar o peso do corpo sucessivamente para a frente e para trás, produzindo um balanço ântero-posterior. Para aguçar ainda mais nossa percepção podemos realizar essa última ação apoiando ambos os ísquios sobre um pau de vassoura, um bambu ou outro objeto similar. Uma vez que tenhamos mais clara a percepção desses dois pontos de apoio poderemos trabalhar para conseguir um bom hábito de sentar, que requer o apoio de todo o corpo sobre ambos os ísquios, nem excessivamente atrás, nem excessivamente na frente deles. Esse apoio, justo sobre os ísquios, constitui um bom começo para a estruturação da colocação da coluna vertebral, da mesma forma que um edifício necessita de bons alicerces para sustentar ereta e airosamente suas paredes.

Já podemos supor que ao longo desse processo, não tão breve como poderia parecer quando se lêem as linhas anteriores, ter-se-á conseguido um hábito sadio e higiênico na posição sentada. Esse controle da zona pélvica trará benefícios não só para a posição sentada, mas também em outras posturas, habilidades e destrezas, uma vez que o centro de equilíbrio do corpo se encontra na pélvis.

Quando falamos do despertar dos sentidos, da estruturação das percepções, da formação de hábitos e da aquisição de habilidades, estamos pressupondo que são obtidos mediante um processo de aprendizado. Só podemos dizer que a pessoa adquiriu um determinado hábito quando este é observado de forma automática, o que, evidentemente, será conseguido com um bom aprendizado, bastante prática e com o correr do tempo.

Na prática da expressão corporal com as crianças pequenas, acreditamos que esta tarefa, da qual a correção da postura sentada é só um exemplo, pode ser realizada em qualquer momento e deve ser encarada como um jogo, levando-se em conta as necessidades e interesses do grupo.

B) A pessoa é um ser amalgamado ao tempo e espaço e, portanto, a aquisição, conscientização e aprofundamento de ambas as noções são aspectos muito importantes em nossa atividade. Não abordamos o espaço como uma simples noção abstrata, mas o concretizamos em vários aspectos. Em primeiro lugar, o espaço pessoal, que é aquele ocupado pelo nosso corpo e, além disso, seus espaços internos. Em segundo lugar, temos o espaço parcial constituído pelo espaço imediato que circunda nosso corpo. Depois vem o espaço total, que é o espaço abarcado pelo deslocamento do nosso corpo. Podemos ainda agregar um quarto aspecto, que é o espaço social, aquele que compartilhamos com os demais.

Esses espaços não são compartimentos estanques, mas cada um deles vai integrando o anterior e podemos ver, então, que no espaço social há, ao mesmo tempo, espaço pessoal, parcial e, às vezes, embora nem sempre, total. Dentro do conceito de espaço contemplamos também aquele que corresponde aos lugares físicos e aos objetos que o ocupam.

C) Todo movimento do corpo é definível qualitativamente. Golpear é uma ação rápida, forte e direta. Ao analisar isso observamos que "rápida" se refere ao tempo ou velocidade; "forte", à energia despendida, e "direta", ao elemento espacial. Isso nos remete à nossa definição de transformação de ações cotidianas em dança (p. 16) quando fizemos referência à organização temporal-espacial-energética das ações.

As oito ações básicas e suas características
temporal-espacial-energéticas

golpear	rápida	direta	forte
flutuar	sustentada	indireta	suave
chicotear	rápida	indireta	forte
fluir	sustentada	direta	suave
torcer	sustentada	indireta	forte
apalpar	sustentada	direta	suave
pressionar	sustentada	direta	forte
sacudir	rápida	indireta	suave

DIVERSOS ESTÍMULOS

Entendemos por estímulos tudo aquilo que estimula ou incita à ação. Em nossa atividade utilizamos os seguintes tipos de estímulo:

a fala, que inclui a linguagem falada e escrita;

o som e a música: discos, fitas gravadas, instrumentos etc.;

a forma, a cor e a plástica: quadros, diapositivos, lâminas etc.;

os objetos: pessoas, animais e coisas.

II.

POR QUE PROPOMOS QUE SE INCLUA A EXPRESSÃO CORPORAL NA PRÉ-ESCOLA

É muito conveniente a introdução progressiva no ensino daquelas disciplinas que utilizam o corpo como veículo expressivo, as quais servem de complemento às disciplinas tradicionais que se orientam, sobretudo, para o desenvolvimento intelectual.

Cremos que a criança não é um simples receptáculo de informações, mas deve ser considerada como um ser criador, um ser capaz de escolher e selecionar os instrumentos de que necessita para seu desenvolvimento total.

Consideramos como desenvolvimento total, integrado e harmônico aquele no qual nenhuma área de conduta deixa de receber atenção em detrimento de outras mais valorizadas.

Inclusive o desenvolvimento da área intelectual será favorecido pelo desenvolvimento equilibrado de outras áreas: social, emocional, corporal etc.

Por isso, vemos como muito importante a introdução dessa atividade desde o momento do ingresso da criança na pré-escola. Isso não contradiz nossa opinião no sentido de que a expressão corporal é uma atividade vital que não conhece limites institucionais. Começa ao nascer e termina com a morte; pode e deve ser realizada em todos os âmbitos nos quais o homem atua.

Se admitimos que o ser humano é ele mesmo e, ao mesmo tempo, seu instrumento sensível relacional, devemos

29

ajudar a criança a vivenciar essa situação de tal forma que possa aproveitar e gozar com maior eficácia e menor gasto de energia suas experiências diárias.

Entre outras, por exemplo, o controle da musculatura fina, cujo nível de exigência cresce constantemente durante sua vida escolar. Além disso, a escola deve estimular e incentivar nela a soltura, a liberdade, a harmonia e a criatividade que trazem em potencial. É nesse aspecto que a expressão corporal poderia chegar a ser um auxiliar sumamente eficaz para os docentes em seu objetivo de chegar a um amadurecimento integral, tanto em si mesmos como em seus alunos.

Outra contribuição que não devemos menosprezar é a idéia de que a partir do conhecimento de seu próprio corpo a criança aprende a percebê-lo, querê-lo e não sentir-se nem inibida nem envergonhada ou incomodada por causa dele. Isso também a ajuda a estabelecer uma melhor relação corporal com os demais.

Ir paulatinamente conhecendo suas possibilidades e descobrindo os limites de segurança mediante explorações cada vez mais amplas do mundo circundante. Encontrar por si mesma o termo médio entre a aventura e a segurança.

O quanto é necessário que o ser em crescimento possa gozar plenamente da sensação de vertigem, do salto no vazio e da velocidade, sem pôr em risco sua integridade física! A sensação de perigo é estimulante sempre que se aprenda a reconhecer e controlar os riscos calculados.

Entre as várias contribuições desta atividade dentro das atividades escolares não é menos importante a função de detectar diferentes tipos de problemas psicomotores para posterior consideração pelos especialistas adequados: médicos, psicólogos, psicopedagogos, cinesiologistas e todo especialista que, de uma forma ou de outra, tenha a seu cargo a saúde física e psíquica das crianças.

III.

POR QUE ESCOLHEMOS ESTA UNIDADE

Quando começamos este trabalho, refletimos sobre a unidade que adotaríamos. Deveríamos nos basear nas unidades existentes ou abordar um eixo que até hoje não havia sido contemplado nas vivências do período pré-escolar: sua própria história?

A razão de termos decidido pelo último critério é a que expomos a seguir.

Em nossa experiência observamos, como tantas outras docentes, que a criança que está na pré-escola, em sua última etapa, sente que está vivendo um período de espera até o dia de entrar para a "sociedade de adultos", representada para ela por seu ingresso na primeira série. Como se a única razão de ser da pré-escola fosse prepará-la para esse ingresso. Por mais que ela viva a satisfação da atividade do momento pré-escolar, tende a estar pendente do instante em que vestirá seu uniforme e aprenderá a ler e escrever, refletindo assim uma sociedade propensa a fomentar uma dicotomia, a supervalorizar as aquisições intelectuais, das quais as mais importantes, na perspectiva do pré-escolar, são a leitura e a escrita.

O ser humano evolui por etapas. Na medida em que cada uma delas seja plenamente cumprida, a passagem para a seguinte será facilitada ao máximo.

Se uma criança culmina seu ciclo pré-escolar consciente e orgulhosa das conquistas que pôde obter ao longo de seus cinco primeiros anos, poderá iniciar melhor seu ciclo primário, com mais satisfação e mais confiança em si mesma e em suas possibilidades. E, mais ainda, em sua vida futura poderá enfrentar com maior segurança as novas experiências.

Que contribuição pode dar a expressão corporal a esse processo? Qual é o instrumento primordial de que dispõe a criança? É com seu corpo que vai se movimentar, conhecer e relacionar-se com o mundo. Se a criança não conhece, não quer, não valoriza, não confia em seu corpo nessa etapa, vai ser mais difícil que o consiga quando entrar para a primeira série, onde o manejo do corpo é muito mais preciso. Onde já não pode utilizar todo o corpo com tanta liberdade e tem que começar a usar os membros de forma diferenciada. Toda a motricidade se torna mais limitada e exigida, o movimento global tende a desaparecer no trabalho específico de aula e a motricidade fica focalizada em áreas, como, por exemplo, o treinamento olho-mão na escrita. O ambiente físico da primeira série também cumpre uma função limitadora sobre suas atividades corporais: carteira-caderno. A criança fica limitada quanto ao espaço e quanto aos movimentos.

É na pré-escola que podemos dar-lhe a oportunidade de conhecer seu corpo para manejá-lo melhor.

Mas também, psicologicamente, o futuro de uma criança está baseado num presente bem vivenciado e bem valorizado.

Como se consegue um presente bem valorizado? Uma forma é conhecendo e valorizando seu passado, comparando seu passado com seu presente e assinalando seu futuro para que tome consciência de que sua vida é um processo de conquistas graduais, cada uma das quais tem valor como tal, e valor ao servir de base aos passos seguintes.

Uma criança que desenvolve bem seus sentidos pode conseguir boas percepções. Com boas percepções formam-se imagens claras. Numa imagem clara baseia-se uma lin-

32

guagem (seja verbal, escrita ou corporal) ampla e precisa, graças à qual a criança estabelece uma boa relação consigo mesma e com o mundo exterior.

Nosso propósito é contribuir para esse desenvolvimento, estimulando na criança processos básicos de comunicação consigo mesma e com os outros, utilizando como instrumento básico seu próprio ser psicofísico.

IV.

A HISTÓRIA DA CRIANÇA

CONTEXTO DA TAREFA

O modelo de trabalho que aqui apresentamos está baseado numa experiência realizada na pré-escola de uma escola pública.

A experiência teve início em 1976, com o grupo de crianças de cinco anos. No início do ano, a professora teve uma primeira reunião com os pais das crianças e explicou-lhes em que ia consistir o trabalho, esclarecendo seu caráter experimental. As mães não só demonstraram sua aquiescência e apoio, mas também solicitaram que lhes fosse permitido participar. Estipulou-se, então, uma espécie de contrato: participariam em troca de um apoio crítico, mediante sugestões e propostas, que contribuiriam para a modificação e crescimento desse plano de trabalho. A professora conversou com as mães sobre suas expectativas para ver em que medida podiam ser conjugadas com os objetivos específicos do trabalho que, primordialmente, não consistiam em fazê-las emagrecer ou ensinar-lhes a dançar!

O grupo tinha nessa época 18 crianças (10 meninos e 8 meninas), 7 mães, a professora da classe e a de educação física da escola, que colaborou amavelmente como observadora, constituindo-se numa eficaz "crítica" de nosso trabalho. Contou-se com o total apoio e o interesse especial da direção da escola e de todo o corpo docente.

Trata-se de uma escola pequena e as crianças que a freqüentam pertencem a famílias de classe média baixa, cujas mães, em geral, não trabalham fora de casa.

A experiência de expressão corporal na pré-escola foi recebida pelas mães com grande entusiasmo: muitas quiseram participar das aulas e assim o fizeram. Depois de um ano de trabalho em comum, seus comentários se referiram, em geral, à recuperação que conseguiram de seu próprio corpo. Falavam desse momento que desfrutavam "para elas mesmas".

Também apreciaram imensamente a possibilidade que essa prática lhes proporcionava de trabalhar junto a seus filhos e participar das mesmas atividades. Seria muito interessante esclarecer qual foi o papel dessas mães durante o transcurso do ano: elas participaram como "pessoas"; essas aspas querem significar que não lhes foi pedido que cumprissem com seu papel de mães ou que assumissem um falso papel de meninas; elas puderam comportar-se com naturalidade e responderam aos estímulos e incentivos como qualquer outro participante, com seu corpo, emoções, pensamentos e idéias.

Devemos também esclarecer que, ao desenvolver a história da criança, não é nosso objetivo que cada uma delas reviva seu próprio processo como uma espécie de técnica catártica. Não se trabalha a história pessoal de cada uma das crianças, mas apenas se exemplifica o processo de forma generalizada.

PRELIMINARES

Estes foram os itens que levamos em consideração antes de empreender a tarefa:

Preparação do local físico

As práticas de expressão corporal podem ser realizadas em diversos lugares; por exemplo:

1) em um salão de música, ginásio ou auditório;

2) em pátios cobertos ou descobertos e corredores;

3) na própria sala de aula. Nesse último caso será necessário deixar a maior quantidade possível de espaços livres para melhor realizar a atividade.

Nossas aulas se realizaram na mesma sala em que se desenvolviam as atividades diárias da pré-escola. Antes de cada aula, as crianças, as mães participantes e a professora afastavam e retiravam quase todo o mobiliário: arrastavam os armários e levavam as mesas e cadeiras ao pátio contíguo.

Já durante a realização dessa tarefa reinava um ambiente de alegria e trabalho. Em certa medida serviu como uma descarga de energia para as crianças. Elas ficaram encantadas com a tarefa de arrastar e tirar os móveis do lugar. Estimulou-se a cooperação e a invenção de métodos eficazes para fazê-lo ordenada e rapidamente. Uma vez livre o lugar, as crianças começavam a trocar de roupa.

Adequação do vestuário

No que se refere ao vestuário, conversou-se com as mães no começo do ano e foi explicado que as crianças não necessitavam de uma roupa especial, mas que era essencial que se sentissem à vontade, ou seja, que as roupas não estivessem apertadas nem pudessem cair. O problema mais importante foi com os pés. Explicou-se que para essa atividade era aconselhável que ficassem descalças para sentir e usar os pés tal como o fazem com as mãos.

Como o chão era de madeira, as mães tinham medo das farpas e também, como a atividade foi realizada no inverno, sentiam um lógico temor aos resfriados.

Chegou-se, então, a uma solução transitória: as crianças realizariam a atividade com meias e, em momentos determinados (por exemplo, ao reconhecer e brincar com os dedos), também as tirariam.

As mães usaram meias tipo balé (tendo-se prometido que nenhum professor entraria na sala). A professora conduzia a aula vestida com calças compridas e descalça.

Essa tarefa de vestir-se e desvestir-se também foi uma excelente oportunidade para exercitar a musculatura fina (abotoar e desabotoar, amarrar e desamarrar cordões) e estimular a cooperação. Valia a pena ver as filas que se formavam com as crianças vestindo-se uma às outras sucessivamente.

Estímulo para a atividade

Preparação geral de uma atmosfera adequada como uma aproximação ao início da atividade.

Estímulos específicos para o desenvolvimento de cada ação. O que é um estímulo?

Um estímulo é tudo aquilo que se pode dizer (perguntas, ordens, sugestões etc.), fazer (gestos, movimentos, acenos, atitudes etc.) e mostrar (objetos auxiliares que podem incluir quadros, cordas, bolas, caixotes, lâminas, fotografias etc.). A finalidade é provocar na criança o desejo de entrar em ação e abrir-lhe um caminho que facilite a expressão de sua capacidade criadora. Por isso achamos importante salientar, entre outras coisas, que, uma vez formulada uma pergunta às crianças, deve-se trabalhar a partir das respostas que elas oferecem. Em caso contrário (ou seja, se a professora já pensou na resposta que quer obter e não consegue) poderia desiludir-se, impacientar-se e não saber utilizar as respostas espontâneas das crianças, criando assim um clima de tensão pouco propício à atividade.

Portanto, recomendamos não fazer uma pergunta aberta, caso se queira obter uma resposta específica.

Há dois elementos que formam parte do processo estimulador. Um é a *palavra de ordem*, ou seja, a informação que ajuda a aproximação e a participação ativa no tema e, às vezes, indica qual é o objetivo desejado. Por exemplo: "Hoje vamos trabalhar sobre o tema 'nossas costas' para saber como são, onde estão, onde começam, onde terminam e para que servem." Isto é uma palavra de ordem, um enquadramento do trabalho a ser realizado.

O estímulo propriamente dito, tem o sentido de uma motivação que transcende a simples informação, com o propósito de mobilizar as áreas mais sensíveis dos alunos. Portanto, terão grande influência a quantidade e a seleção das palavras empregadas pelo professor, o timbre, o tom e o calor da voz, bem como o momento em que se oferece cada imagem estimuladora.

Quando realizamos nossas práticas, o estímulo para essa tarefa específica consistiu, no início, de breves conversas prévias a cada aula; mais tarde, entretanto, transformaram-se em prolongadas conversas que se realizaram quase diariamente. Por exemplo: antes da aula sobre o bebê recém-nascido conversou-se durante quatro ou cinco dias, devido à necessidade de que as crianças tinham de contar todo tipo de experiências próprias e alheias e fazer todo tipo de perguntas. Além disso, tiveram a oportunidade de observar o aspecto e o comportamento de um bebê de dois meses (irmãozinho de uma das crianças).

É óbvio que tudo isso não podia ser conseguido nos dez minutos prévios à aula. Já no final do ano, os temas de expressão corporal apareciam em quase todas as conversas. Isso pode ser exemplificado da seguinte maneira: em certa oportunidade íamos visitar as lojas do bairro. Ao ser dada a palavra de ordem prévia: "Olhar tudo, não mexer em nada", perguntou-se às crianças, justamente para induzi-las a cumprir a segunda parte, se iam usar as mãos para alguma coisa. Muitas, é claro, disseram que não, mas um grupo saltou indignado dizendo que sim. Estabeleceu--se, então, um diálogo com características de pequena discussão entre os dois grupos e a conclusão foi de que iam usar as mãos, por exemplo, para atravessar a rua, para assoar o nariz etc. Essa observação foi produto da aula que tinha sido realizada na semana anterior sobre o conhecimento das mãos. A atividade realizada na ocasião foi incorporada pelas crianças, relacionando-a com todas as suas experiências. Puderam compreender as múltiplas funções das mãos que não estavam incluídas na palavra de ordem dada nesse caso, de "não mexer em nada". Esse exemplo mostra também como se cumpre outro dos nossos objetivos: o de formar pessoas com capacidade de observação, juízo crítico e autocrítica.

Essa experiência serviu para que a professora percebesse que, na realidade, aquilo que era aprendido em expressão corporal não se aplicava apenas nas horas de aula, mas que se integrava à vida global da criança.

Além do mais, pôde comprovar que o enriquecimento que o trabalho provocava não era observável apenas de fora, mas que as próprias crianças tomavam consciência dele. Para dar um exemplo: os adolescentes não compreendem muitas vezes que relação pode haver entre os conhecimentos que adquirem na escola secundária (por exemplo, os logaritmos) e as exigências da vida diária. Necessitam chegar à idade adulta, à vida profissional para sentir que "são úteis".

No caso comentado, foi evidente como as crianças "sentiram" e perceberam que o que aprendiam em expressão corporal "servia" para o que faziam todos os dias. Elas mesmas observavam o enriquecimento no uso de seu corpo.

As fontes e meios de estimulação são, portanto, os seguintes:

— fundamentalmente, a própria criança;

— seus olhos, suas mãos, seus ouvidos, suas pernas etc.;

— a voz do professor e das crianças;

— os ruídos produzidos pelo grupo;

— músicas e canções;

— a própria sala de aula e seus componentes (incluindo crianças e professor).

AS ABORDAGENS: O PRESENTE

1. *Onde estão. Como é o lugar onde trabalham*

Espaço físico

Objetivo

Reconhecimento e adequação ao lugar onde se realiza esta atividade. Espaço físico e espaço social.

Nós diferenciamos entre o conceito de espaço físico e o de espaço social. Espaço físico é o lugar concreto onde se realiza nossa atividade. Espaço social refere-se ao lugar como âmbito de uma inter-relação, como lugar compartilhado com outros, e à interação grupal que se dá nesse âmbito. Indubitavelmente, há uma diferença no que concerne à utilização do espaço e à percepção de si mesmo em relação a esse espaço. Entre uma criança que corre sozinha e livremente por um lugar e essa mesma criança quando corre, no mesmo lugar, mas em companhia de outros dez ou vinte coleguinhas, há uma grande diferença, uma vez que cada um deve modificar sua conduta ao deslocar-se para não atropelar ou ser atropelado pelos demais. Deve "levá-los em consideração", integrá-los em seu esquema espacial.

Pautas e sugestões para o encaminhamento

ESTÍMULOS (perguntas e propostas para a professora: estímulos para a ação):

Vocês conhecem a sala da pré-escola?

Como ela é?

O que usaram para conhecê-la?

Há outros modos de conhecê-la?

AÇÕES (para serem realizadas pelas crianças):

— reconhecer o tamanho e os limites da sala, o comprimento, a largura, a altura: olhando, tocando e deslocando-se por ela;

— medir a amplitude por meio de movimentos fundamentais de locomoção; podem dar muitos ou poucos passos entre uma parede e outra, podem correr, arrastar-se, saltar, dar passos largos, curtos, de lado, para trás etc.;

— pesquisar e reconhecer características particulares da sala: subdivisões, colunas, cantos, buracos, manchas etc.;

— pesquisar a consistência e a resistência das paredes e do chão: podem tocar e apertar tudo para ver se é duro ou mole, podem saltar e pisar com firmeza sobre o chão e empurrar as paredes para ver se resistem ou cedem;

— pesquisar a textura das coisas que se encontram na sala, tocando-as para reconhecer, analisar e diferenciar entre superfícies ásperas e lisas, planas e onduladas etc.;

— exercitar, se possível, durante a atividade de reconhecimento tátil de consistências e texturas, o sentido térmico; diferenciar entre superfícies quentes e frescas, discernindo, por exemplo, entre a temperatura de azulejos, vidros, madeira etc. Notar as mudanças que se produzem nos mesmos pela ação dos raios do Sol ou do aquecimento;

— pesquisar sons:

a) aprender a escutar permanecendo em silêncio;

b) registrar e nomear os sons que ouvem;

c) reconhecer sua causa e origem: o que ou quem os provoca, se são próprios da sala ou provêm do exterior;

d) descrever suas características: forte, suave, contínuo, descontínuo, agudo, grave ou qualquer palavra qualificativa que surja das crianças, que têm sua forma particular de descrever os sons, e que deve ser respeitada.

— pesquisar sons produzindo-os:

a) com uma parte do corpo sobre uma superfície. Por exemplo: a mão sobre o chão;

b) com diferentes partes do corpo sobre uma mesma superfície. Por exemplo: a mão, o pé ou o traseiro sobre o chão;

c) com a mesma parte do corpo sobre diferentes superfícies. Por exemplo: a mão sobre o chão, a parede, a mesa etc.;

d) com diferentes partes do corpo sobre diferentes superfícies. Por exemplo: integrando as práticas anteriores.

— pesquisar, reconhecer e diferenciar os diversos cheiros e aromas da sala. Fazê-lo como uma iniciação ao desenvolvimento desse sentido tão pouco utilizado e valorizado pelos seres humanos.

Espaço social

Objetivo

Aprender a compartilhar o lugar com os demais.

Organizar seus movimentos para não interferir nos movimentos dos demais (ação individual).

Organizar seus movimentos para conseguir uma adequação e complementação com os movimentos e atividades do outro (ação interindividual).

Organizar seus movimentos para brincar e criar grupalmente num espaço compartilhado (ação intergrupal).

Pautas e sugestões para o encaminhamento

ESTÍMULOS (perguntas e propostas da professora: estímulos para a ação):
— vamos passear pela sala, tomando cuidado para não tropeçar nem chocar com os outros;
— de quantas formas diferentes podemos passear?

AÇÕES (para serem realizadas pelas crianças):
— utilizar a seguinte dinâmica: que cada criança percorra primeiro a sala em forma individual. Uma vez que todos o tenham feito, repetirão o mesmo em grupinhos até chegar a integrar o grupo inteiro. O motivo para isso é que, na etapa egocêntrica, a criança deve partir de si mesma para chegar a sentir-se membro de um grupo;
— realizar os passos individuais e grupais, soltos e de mãos dadas, utilizando todas as formas de locomoção que possam imaginar ou que sejam sugeridas pela professora;
— fazer jogos de movimento e parar a um sinal, para que observem de que forma estão distribuídos pela sala. Desse modo se está fomentando o uso mais correto do espaço: observar se estão amontoados, se estão usando todos os cantos da sala ou se estão se movimentando um quase em cima do outro;
— formar círculos: um só, de forma concêntrica, vários distribuídos em diferentes lugares da sala;
— fazer trenzinhos: um ou vários.

2. *Como são. Como é seu corpo e para que serve*

Objetivo

Reconhecimento do próprio corpo e do alheio: o que tem, em que lugar está, como funciona e como o sentem.

Fontes e meios de estimulação

APARELHO SENSORIAL. A sensibilidade extero-ceptiva, especialmente o tato, a visão e a audição.

A sensibilidade interoceptiva (sensibilidade dos órgãos internos).

A sensibilidade proprioceptiva, ou seja, a informação que recebem de suas fontes internas (localização total e segmentada do corpo no espaço).

A sensibilidade cinestésica, ou seja, o movimento articular e muscular independente da visão, do tato e da audição.

IMAGENS ESTIMULADORAS. Em cada grupo podem surgir diferentes movimentos para cada imagem dada pelo professor, como também podem surgir das próprias crianças imagens totalmente novas.

Por exemplo: imagem estimuladora: limpador de pára--brisas.

Movimentos possíveis: 1) girar a cabeça da direita para a esquerda; 2) com a cabeça inclinada para frente, descrever com o queixo um semicírculo sobre o peito, de um ombro a outro; 3) inclinar a cabeça sobre um ombro e depois sobre o outro.

Com que outras partes do corpo se pode imitar um limpador de pára-brisas?

Esses movimentos, por sua vez, podem estimular nos alunos muitas imagens como, por exemplo: o pêndulo de um relógio, uma boneca articulada etc.

ESTÍMULOS SONOROS: 1) Ruídos, sons e palavras produzidos pelos aparelhos respiratório e fonador da professora e das crianças. 2) Ruídos e sons provenientes do meio exterior.

Espontâneos. Os que chegam da rua, do resto da escola e da própria classe. Por exemplo: trânsito, brincadeiras no pátio, relógio na classe, respiração do companheiro etc.

Provocados ou originados para fins determinados. Por exemplo: golpear, arranhar, esfregar diversos objetos.

Músicas e canções. Algumas sugestões:

"Canções para brincar", disco de Carlos Gianni e Eduardo Segal (LPs-15001, CABAL).

"Ruidos y ruiditos", de Judith Akoschky (A cornamusa).

"La vuelta al mundo", letra e música de Susana Bottino.[1]

Canções tradicionais que se refiram a partes do corpo.

"Canciones para crecer", de Ruth Fridman, Buenos Aires, Ricordi Americana, 1974.

Canções criadas pela própria professora e por seu grupo de crianças.

OBJETOS AUXILIARES. Papéis, lápis e qualquer outra coisa que surja da inquietação e inspiração do grupo.

Pauta e sugestões para o encaminhamento

ESTÍMULOS

Introdutórios:

Vocês conhecem seu corpo?

Que partes podem tocar, mostrar e nomear?

---

1. Ver P. Stokoe. *La expresión corporal y el niño.* Buenos Aires, Ricordi Americana, 1977, cap. 5.

Gerais para as diferentes partes do corpo:

Onde está (estão) seu (seus)...?

Que forma e que tamanho tem (têm) seu (seus)...?

Que elementos a(as) compõe(m)?

O que podemos fazer e como podemos brincar com ela(s)?

AÇÕES

A cabeça:

— Reconhecer a localização da cabeça em relação às demais partes do corpo, aplicando as noções de acima, abaixo, para frente, para trás e do lado.

— Reconhecer a forma e o tamanho da própria cabeça e dos outros aplicando as noções de grande, pequena, média, redonda, quadrada, triangular, chata, com saliências, lisa etc.

— Reconhecer sua consistência: partes duras e moles, peludas e sem pêlo, úmidas e secas.

— Diferenciar o rosto do resto da cabeça, aplicando noções de para frente, para trás, em cima, embaixo, ambos os lados.

— Fazer brincadeiras aplicando os conhecimentos adquiridos previamente. Por exemplo: a) tapar toda a cabeça ou parte dela, a própria ou a de um companheiro, com as mãos ou outros objetos, relacionando o tamanho das mãos com o tamanho e a forma da cabeça; b) reconhecer determinados aspectos individuais, por exemplo: cabelo comprido, curto, liso, crespo, ruivo, loiro, castanho, preto etc.

— Transformar, mediante a imaginação, os cabelos em pincéis molhados em tintas de diferentes cores com os quais podem pintar quadros sobre as paredes, no chão, em outros corpos e outras superfícies.

— Estimular a criação e integração no trabalho de novas imagens.

Os olhos:

— Indicar onde estão localizados: tocá-los e olhá-los num espelho, olhar os olhos dos companheiros.

— Reconhecer a forma, cor e tamanho dos olhos e das partes que os rodeiam: pálpebras, pestanas e sobrancelhas.

— Determinar que servem para ver.

— Fazer brincadeiras aplicando os conhecimentos adquiridos anteriormente. Por exemplo:

- abrir e fechar os olhos (pestanejar e piscar);
- olhar para diferentes lugares sem mexer a cabeça;
- olhar de diferentes ângulos (com a cabeça para cima, para baixo, de lado, com a cabeça jogada para trás, com a coluna arqueada etc.);
- formar com o corpo "buracos" através dos quais olharão como se fossem janelas abertas;
- olhar através de telescópios e binóculos feitos com as mãos, copos e tubos diversos;
- locomover-se com os olhos fechados e comparar essa experiência com a locomoção com os olhos abertos;
- brincar de "Vejo e não vejo" para reconhecer que estamos olhando, como se olha e por que se olha. Essa brincadeira pode ter muitas variações:
  a) escolher um companheiro. Um dos dois, digamos (A) será o que vai olhar, enquanto o outro (B) atua. Os (B) se deslocarão à vontade por toda a sala, enquanto cada (A), do lugar onde está situado, trata de não perder de vista seu respectivo (B);

b) tratar de deslocar-se sem deixar de olhar seu respectivo par, mesmo tendo outras crianças e coisas como obstáculo;

c) olhar e deixar de olhar (como um interruptor de luz), depois tratar de tornar a encontrar-se com o olhar, supondo que nesse meio tempo tenha-se mudado de lugar. Esse jogo leva ao desenvolvimento e agilização do sistema viso-motor;

d) brincar de máquina fotográfica. Fazer um documentário do lugar e seus habitantes, tirando fotos; para isto levantar e abaixar as pálpebras como se fossem o diafragma de uma máquina fotográfica. Depois descrever as fotos que compõem esse álbum documentário.

A boca:

— Indicar onde está localizada, tocá-la, olhar-se no espelho e olhar as bocas dos companheiros.

— Reconhecer as partes que a compõem:
Os lábios: o que está fora.
Os dentes: o que está dentro.
A língua: o que pode estar dentro e fora.

— Especificar as características dessas partes, dureza, suavidade, umidade etc.

— Determinar que serve para falar, cantar, gritar, emitir outros sons, comer, saborear etc.

— Pesquisar o seguinte fato: a dureza dos dentes não pode ser modificada, em compensação; a língua e os lábios podem ser relaxados ou tensionados, esticados, alargados, encurtados, dobrados e movimentados voluntariamente em múltiplas direções.

— Brincar de falar e emitir sons com os lábios, dentes e língua em diferentes posições.

— Brincar de "grito índio" (tapando e destapando sucessivamente a boca).

— Emitir sons através de diversos objetos: copos, tubos de diferentes tipos, pentes cobertos com papel de seda etc.

— Encher as bochechas e esvaziá-las batendo com as mãos; podemos fazer o mesmo com as bochechas dos colegas.

— Brincar de "duas fronteiras da língua". Primeira fronteira: os dentes. Imagem estimuladora: a língua, encerrada num local com estacas brancas e duras, luta energicamente para sair, gerando todo tipo de sons e movimentos. Segunda fronteira: os lábios. Imagem estimuladora: a língua libertou-se de sua primeira prisão, mas se encontra agora perante uma nova barreira, não tão dura como a anterior, mas nem por isso menos resistente.
As duas fronteiras foram abertas e a língua, liberta delas, festeja com cantos e danças a conquista de sua liberdade.

As orelhas:

— Indicar onde estão localizadas, tocá-las, olhar-se num espelho, olhar as orelhas dos companheiros.

— Reconhecer sua forma, cor, tamanho, consistência e movimento.

— Determinar que servem para escutar, tomando consciência de que o som chega aos ouvidos, mas não é produzido por eles.

— Classificar os sons que podem ser ouvidos: ruído de todo tipo, vozes, música; classificá-los conforme estejam fortes, suaves, graves, agudos, em sucessão rápida ou lenta etc.

— Reconhecer sons: sua qualidade de timbre e sua origem; com os olhos fechados e com os olhos abertos. (Sugestões úteis poderão ser encontradas·

em *La noche de los ruidos*, de Estela Nanni de Smania, Buenos Aires, Ed. Latina, 1974.)

— Brincar de "ligar e desligar o rádio": tapar e destapar em diferentes velocidades os ouvidos com os dedos. Primeiro registrar os sons que existem no ambiente e depois emitir sons com a própria voz, com outras partes do corpo e com outros objetos.

— Brincar de "abaixar e aumentar o volume do rádio": cobrir as orelhas com as palmas das mãos (com o que a percepção do som se atenua, mas sem desaparecer completamente) e depois destapá-las.

O nariz:

— Indicar onde está localizado, tocá-lo, olhar-se em um ou dois espelhos: de frente e de perfil, de cima e de baixo. Olhar os narizes dos companheiros.

— Reconhecer sua forma, tamanho, consistência, partes secas e úmidas e mobilidade.

— Constatar que serve para respirar, cheirar, assoar-se etc.

— Brincar de: respirar com o nariz tapado; falar e cantar com o nariz tapado; reconhecer coisas por seu aroma com os olhos fechados (ver *El cazador de aromas*, de Elsa Isabel Bornemann, Buenos Aires, Ed. Latina, 1972. Nesse caso, a partir do livro pode-se dramatizar seu conteúdo). Classificar objetos segundo seu aroma: frutas, madeiras, flores, perfumes, alimentos etc.

As mãos e os pés:

Esclarecimento: expomos os trabalhos com mãos e pés em forma conjunta, por coincidência na metodologia de trabalho. Não obstante, sugerimos que sejam abordados pela primeira vez em momentos diferentes, podendo posteriormente realizar comparações, sem esquecer que formam uma unidade com braços e pernas e que, portanto, tornarão a ser abordados juntamente com eles.

— Indicar quantos há e onde estão localizados: olhá--los, tocá-los e movimentá-los, os próprios e os dos outros.

— Reconhecer sua forma, tamanho, consistência, temperatura e mobilidade.

— Reconhecer as partes: a) palma/planta
   b) dorso/peito
   c) dedos
   d) unhas

— Verificar que as mãos servem para agarrar, soltar, puxar, arremessar, empurrar, golpear, beliscar, torcer, sustentar, acariciar, apalpar, pressionar, tocar etc.

— Comprovar que os pés servem para pisar, chutar, pressionar, agarrar, empurrar, saltar, correr, caminhar etc.

— Aprofundar o sentido tátil: reconhecer formas, texturas, consistências, temperaturas etc.

— Fazer bolinhas com massa de modelar ou miolo de pão, utilizando os dedos e/ou as palmas.

— Amassar e alisar papéis.

— Coçar e golpear o centro da palma com cada um dos dedos.

— Fazer diferentes tipos de aplausos:
palmas contra palmas;
unhas contra unhas;
dorso contra dorso;
dedos contra centro da palma da outra mão;
dedos contra base da palma da outra mão;
golpear a base da palma de uma mão contra a da outra, mantendo os dedos entrelaçados;
punho contra punho;

punho contra palma; aplausos mistos.

— Tensionar a mão (contraindo ou esticando os dedos) e relaxá-la.

— Pesquisar dobras e linhas; descobri-las e relacionar sua aparição ou desaparição com os movimentos da mão.

— Descobrir e pesquisar a consistência do tecido situado entre os dedos. Sua tensão e relaxamento. Comparar com as patas dos patos e gansos.

— Andar usando diferentes apoios: planta (total e borda externa), calcanhar e meia-ponta.

— Esticar, encolher e separar os dedos dos pés, esticar e contrair todo o pé.

— Recolher lápis, bolinhas, panos e papéis com os dedos de um pé, com os do outro e, finalmente, com os dedos de ambos os pés ao mesmo tempo, agarrar e erguer o objeto sustentando-o com as beiradas internas ou os peitos de ambos os pés simultaneamente.

— Fazer rodar paus ou bolas com a planta do pé.

— Evocar e recriar ações cotidianas: caminhar por diferentes lugares (casa, calçada, praça, escadas, escola), chutar bola, jogar amarelinha, saltar num pé só ou nos dois pés.

Exemplos típicos de estímulos e possíveis respostas

— Estímulo: "O que podemos fazer com nossas mãos?"

Resposta: Comer, lavar, vestir, desvestir, amarrar cordões, abrir e fechar a porta, acariciar etc.

— Estímulo: "Em que poderiam transformar-se nossas mãos?"

Resposta: Em borboletas, pássaros, cervos, flores, leques, colheres, martelos, machados, gritos etc.

— Estímulo: "Podemos produzir sons com nossas mãos?"

Resposta: Mão com mão, mão com outras partes do corpo, mãos contra outros objetos ou pessoas.

— Estímulo: "Brinquemos de guerra e paz entre nossas mãos."

Resposta: As mãos brigam e fazem as pazes.

— Estímulo: "Brinquemos de abrir e fechar colchetes."

Resposta: Cada dedo com o polegar de sua mão; cada dedo com o correspondente da outra mão (isso também pode ser feito com os pés).

— Estímulo: "Em que poderão transformar-se nossos pés?"

Resposta: Em borboletas, vermes, leques, martelos, serrotes, pá etc. (As imagens propostas podem ser as mesmas para as mãos e para os pés; além disso, é importante considerar o valor das imagens sugeridas pelas crianças.)

— Estímulo: "Que sons podemos produzir com nossos pés?"

Resposta: Pé contra pé ou outras superfícies, pés contra outras partes do corpo, próprio ou alheio.

— Estímulo: "Brinquemos de guerra e paz entre nossos pés."

Resposta: Brigam e fazem as pazes.

Atividades para comparar mãos e pés

Forma e tamanho

— Pesquisar em que se parecem e em que se diferenciam as mãos e os pés quanto à sua forma e tamanho.
  * comprimento e largura de mãos e pés;
  * partes duras e partes moles;
  * comprimento e forma dos dedos e unhas;

* dorso da mão e peito do pé;
* palma e planta;
* tornozelos, calcanhar, pulso e base da palma;
* articulações e dobras.

Mobilidade

— Pesquisar como se movem as mãos e os pés. Diferenças e semelhanças.

— Comparar movimentos de dedos e de mãos e pés: esticar, dobrar, fechar os dedos, separar.

— Comparar movimentos de dedos e de mãos e pés: esticamento, flexão e circundação.

Funcionalidade

— Pesquisar o que se pode fazer com as mãos e com os pés, comparar as possibilidades: andar, agarrar, soltar, pressionar, bater, chutar, estalar os dedos, beliscar, acariciar, torcer, saltar, desenhar, pentear, coçar, aplaudir, "tocar piano", saudar etc.

Os braços:

— Indicar quantos são e onde estão localizados, olhá-los, tocá-los e movimentá-los. Os próprios e os dos outros.

— Reconhecer a forma, tamanho, comprimento e consistência.

— Reconhecer as partes: ombro, braço, antebraço, pulso, mão.

— Comprovar que os braços servem para abraçar, recolher, afastar etc.

— Pesquisar de onde até onde vão os braços.

— Pesquisar onde se articulam e como se movem.

— Comparar seus movimentos com os das pernas.

— Descobrir onde se juntam ao tronco.

— Tocar todas as partes possíveis do corpo com os braços para determinar seu alcance.
— Brincar de ser os braços do companheiro.
— Brincar de marionetes com os braços de um companheiro.

Exemplos típicos de estímulos e possíveis respostas

— Estímulo: "O que poderiam ser os braços se não fossem braços?"
Resposta: Víboras, vermes, peixes, taturanas, chicotes, ramos de uma árvore, instrumentos musicais, cabides e porta-chapéus etc.
— Estímulo: "Fazer de conta que os braços são duros como ferro ou moles como uma esponja."
Resposta: Tensionar e afrouxar os braços de diferentes maneiras.
— Estímulo: Vamos brincar de "eu os mexo duro-duro ou os mexo mole-mole".
Resposta: Mexer os braços contraídos ou soltos.
— Estímulo: "Vamos brincar do que podem fazer nossos braços."
Resposta: Dobrar-se como um papel, estender-se como raios de Sol, fazer com que os cotovelos se toquem de muitas formas, na frente, atrás, um em cima do outro, cruzados etc.; tocar com os cotovelos outros cotovelos e outras coisas, de diferentes posições; os cotovelos podem ser ganchos para enganchar outras partes do corpo, outras coisas ou outros corpos.

As pernas:

— Indicar quantas são e onde estão localizadas, esclarecer a noção relativa de em cima e embaixo: se mudamos de posição, o que antes estava em cima agora pode estar embaixo e vice-versa, mas sempre há uma constância na localização das pernas em relação ao resto do corpo.

— Pesquisar onde e como se juntam ao tronco.

— Pesquisar onde se articulam e como se movem, e se é possível mexê-las como os braços.

— Olhá-las, tocá-las, movê-las. As próprias e as dos outros.

— Reconhecer sua forma, tamanho, comprimento e consistência.

— Reconhecer suas partes: cadeira, coxa, joelho, barriga da perna, tornozelo e pé.

— Determinar que as pernas servem para ficar em pé, andar, correr e saltar, ajoelhar, chutar etc.

— Jogo para desenvolver e estimular a motricidade:

* fingir que as pernas são amortecedores, recebendo o peso do corpo com elasticidade. Testar o estado dos amortecedores andando, correndo e saltando;

* fingir que as pernas são molas, que não apenas sustentam o peso do corpo, mas também podem impulsioná-lo. Exemplo: salto com impulso;

* aprender e exercitar os cinco saltos: de dois pés a dois pés; de um pé ao mesmo pé; de um pé a outro, de um pé aos dois pés e de dois pés a um só.

O tronco:

— Pesquisar o que é e onde está.

— Pesquisar que partes o compõem:
   a) peito: na frente — em cima;
   b) barriga: na frente — embaixo;
   c) alto das costas: atrás — em cima;
   d) fim das costas: atrás — embaixo;
   e) cintura: o que divide o tronco em duas partes;
   f) cadeiras: onde se instalam as pernas;

g) ombros: onde se inserem os braços;

h) pescoço: onde se insere a cabeça.

— Reconhecer, comparar e diferenciar a consistência e a mobilidade das diferentes áreas do tronco.

— Determinar para que serve o tronco: nele estão o coração (aparelho circulatório), os pulmões (aparelho respiratório), estômago e intestinos (aparelho digestivo).

Peito:

— Procurar as costelas com as mãos.

— Pesquisar quantas são e se é possível contá-las.

— Pesquisar de onde até onde vão. Dar noção do externo, da coluna e das costelas flutuantes como pontos de união e finalização das costelas.

— Adquirir noções sobre o que temos dentro do peito: aparelho respiratório e aparelho circulatório com suas partes e funções.

— Pesquisar o que acontece com o peito quando se inspira e quando se expira.

— Pesquisar se, apoiando as mãos sobre o peito, pode-se sentir como aumenta e diminui quando respiramos.

— Pesquisar se podemos ouvir as batidas do coração apoiando o ouvido sobre o peito de um companheiro; se com um estetoscópio podemos escutar o nosso.

Barriga:

— Tocar a barriga com as mãos, descrever como é.

— Adquirir noções sobre o que há dentro da barriga: aparelho digestivo, suas partes e função.

Parte superior das costas:

— Trabalhar com um companheiro que esteja deitado de bruços: apalpar suas costas até a cintura para descobrir quais são as partes duras e moles dessa zona: indicar como se chamam.

Dar noção das costelas, omoplatas e coluna vertebral.

— Pesquisar de onde até onde vai a coluna.

— Pesquisar se cada um pode mexer sua coluna.

— Pesquisar de quantas maneiras diferentes e em quantas posições podem movê-la.

Parte inferior das costas e traseiro:

— Localizar essa zona que vai desde a cintura até o fim dos glúteos.

— Pesquisar quais são as suas partes duras e moles. Dar noção dos glúteos e do cóccix.

Cintura:

— Procurar a cintura com as mãos. Comprovar se podem dobrar o corpo a partir dali, e para onde: para frente, para trás, de lado, movimentos de giro e rotação.

Cadeiras:

— Esclarecer que se chama cadeiras a parte onde a perna se articula com o tronco. Localizar essa articulação, localizada na virilha, dobrando as pernas em diferentes posições. Por exemplo: deitados, agarrar um dos joelhos com as duas mãos e aproximá-lo do ombro.

Ombros:

— Indicar onde estão, como são, para que servem e com que partes do corpo podemos tocar os ombros.

— Colocar a mão sobre o ombro oposto, pressionando-o. Depois, mover esse braço e sentir o movimento sob a mão. Ver como o ombro ajuda o braço a movimentar-se em muitas direções.

Pescoço:

— Indicar onde está localizado, tocá-lo, olhar-se a um ou dois espelhos, olhar e tocar o pescoço de um companheiro.

— Reconhecer sua forma, tamanho, consistência e mobilidade.

— Determinar que serve de apoio à cabeça e de união entre ela e o resto do corpo.

— Sentir o movimento da traquéia ao deglutir, a vibração das cordas vocais ao emitir sons e o trabalho dos músculos ao mover a cabeça.

— Brincar de periscópio: o corpo é o submarino e o pescoço e a cabeça são o periscópio. Sobe e desce, gira e olha.

— Brincar de limpador de pára-brisas: inclinando a cabeça sobre cada ombro (ver exemplo de imagem estimuladora da p. 45).

Imagens que servem para estimular a mobilização de todo o corpo

— Imitar pétalas de flor: cada pétala e seu movimento de abrir e fechar é representado pelo tronco da criança sem utilizar nem os braços nem as pernas. Dois, três, quatro ou mais crianças sentadas ou ajoelhadas olhando para um mesmo ponto (em círculo) inclinam-se para a frente levando a cabeça até o chão e curvando a coluna: depois inclinam-se para trás. Como variante, essa imagem pode ser realizada colocando-se de costas para o centro do círculo.

— Imitar o movimento de um pêndulo, utilizando apenas o tronco, em posição sentada, ajoelhada ou em pé. Balançam-se de um lado a outro, flexionando a coluna lateralmente.

— Brincar de dar corda às zonas articuladas do tronco, sem mover nem os braços nem as pernas. Pode-se dar pouca corda (movimentos lentos e suaves) ou muita corda (movimentos rápidos e leves), mas devem tratar de mover-se sentindo que os ossos deslizam sob a pele, sem tensionar (endurecer) a parte muscular.

Integração do corpo como um todo: alguns exemplos de imagens estimuladoras

Articulação do corpo

— Roupa dobrada pelos vincos.
— Papel dobrado.

Localização espacial

— Espaço pessoal: Níveis, formas e posições do próprio corpo: tatu-bolinha, estrela-do-mar.

— Espaço parcial: Relação entre o corpo e o espaço imediato. Fazer um casulo que envolva o corpo. Uma jaula que o proteja.

— Espaço total: O deslocamento do corpo. Percorrer muitos caminhos.

— Espaço social: O corpo em relação com outros corpos. Brincar de pegador. Brincar de carrinhos que não se chocam.

Cada um desses espaços integra os anteriores.

Diferenciação entre partes duras e moles: Ossos e musculatura.

— Fazer bonecos de massa modelando o corpo do companheiro, trabalhando com as mãos.

Modificação do tônus muscular: Tensão e relaxamento, duro e mole.

— Sorvetes duros e derretidos.

— Pudins e gelatinas com diferentes graus de consistência.

— Água gelada (gelo) e gelo derretido (água).

— Rocha e areia.

Extensibilidade dos membros e da coluna: Máxima, média e mínima. Estender e recolher.

— Elásticos.

— Globos.

— Molas.

Correlatividade das partes: Partes que podem cumprir a mesma função.

— Empurrar coisas com: as mãos, os pés, o traseiro, a cabeça, a barriga, os ombros, os cotovelos, a ponta do nariz etc.

— Recolher coisas com: as mãos, os cotovelos, os pés, a boca etc.

Simetria: Eixo central. Ambos os lados. Duas mãos, dois pés, dois olhos, duas orelhas. Realizar movimentos simétricos, em forma simultânea ou alternada de braços e pernas.

AS ABORDAGENS: O PASSADO

Onde estavam, como eram e o que podiam fazer desde antes de nascer até o presente

1. *Dentro da mamãe e a saída*

Objetivo

O objetivo específico desse primeiro momento é que as crianças adquiram as seguintes noções básicas:

1) A noção do espaço vital:

   a) um lugar onde podem acomodar-se;
   b) um lugar com limites;
   c) um lugar com função protetora.

2) A noção de continente e conteúdo.
3) A noção de crescimento e capacidade de ação.
4) A noção de qualidades de movimento.[2]
5) A noção de atividade sensoperceptiva.
6) A noção do corpo e suas partes.
7) A noção de saída.

Os objetos auxiliares: fundamentação de seu uso

É necessário ter elementos concretos, a partir dos quais a ação possa ser criativa, facilitando o desenvolvimento da imagem por evocação do objeto real e concreto e pelo que ele contribui à formação de novas imagens. Isso porque as crianças estão na etapa do pensamento concreto: VER--TOCAR-MANIPULAR etc.

Buscamos a aplicação das noções anteriormente citadas primeiro com os objetos auxiliares, para depois passar à sua evocação. Por exemplo: a forma e tamanho do caixote, da roda etc. requerem que a criança esteja encolhida; dentro da mamãe também deve estar assim.

Objetos que podem ser aproveitados: caixotes de frutas, caixas de papelão, pneus de automóveis, sacos, colchonetes, cobertores, lonas, fronhas, cadeiras, mesinhas, cubos de madeira e qualquer outro que possa cumprir a função de continente, inclusive as próprias crianças.

Sempre que cada criança disponha de um objeto no qual possa se acomodar, não é necessário que todos tenham todos os objetos.

---

2. Ver P. Stokoe. *La expresión corporal y el niño, op. cit.*, cap. 7.

Pautas e sugestões para o encaminhamento: continente e conteúdo

Acomodação — É importante que cada criança possa manejar a capacidade de acomodação, a capacidade de modificar o lugar onde vai acomodar seu corpo (isto se refere especificamente à seleção e organização do objeto auxiliar desejado) e também, de forma integrada, adquirir a capacidade de modificar e adequar seu corpo a esse lugar, quando a altura do objeto auxiliar é inferior à dele.

Objetos auxiliares — a) Os objetos auxiliares que servem como continentes podem ser de diferentes tamanhos e podem abrigar mais de uma criança, contemplando-se, assim, a possibilidade de gêmeos, trigêmeos etc.

b) É importante desenvolver nas crianças a idéia de que elas também podem se transformar em objeto auxiliar que sirva como continente para outra criança. Por exemplo, tomando a posição de banco ou qualquer outra.

c) Com essa mesma idéia, os continentes podem ser formados por duas ou mais crianças.

Alternância de papéis — Essa prática exercita também a alternância de papéis: quando uma criança é continente, a outra é conteúdo e depois invertem-se os papéis. Assim, as crianças desenvolvem a capacidade de colocar o corpo em diferentes posições, levando em consideração o fato de que devem oferecer um espaço adequado para o companheiro.

Crescimento — Os jogos destinados a desenvolver a noção de crescimento num espaço limitado requerem que seja variada a amplitude dos movimentos e a posição do corpo, de encolhido a esticado. Como conseqüência, serão modificados também a forma e o tamanho do continente quando este estiver representado por materiais flexíveis, que podem ser coisas (como sacos etc.) ou outras crianças.

Mobilidade — Desenvolver a capacidade de mover-se num espaço limitado (espaço pequeno) com diferentes qualidades de movimento: por exemplo, movendo-se com cuidado, lentamente, suavemente, silenciosamente, sem poder esticar-se totalmente etc.

Saída — Buscar resposta à pergunta: Como posso sair deste lugar? Com a cabeça primeiro; com os pés primeiro; de diferentes maneiras e com diferentes qualidades de movimento inventadas pelas crianças.

É importante ajudar as crianças a se interessarem em olhar e serem olhadas, uma vez que isso facilita a compreensão e concretização dos objetivos procurados. Reconhecemos que nessa idade é muito mais fácil fazer do que olhar, e consideramos necessário ajudá-las a desenvolver seus espíritos críticos e também a capacidade de aceitar as críticas dos demais. Por isso é tão importante que compreendam os objetivos de cada jogo antes de entrar em ação, para poder participar deles e, posteriormente, poder avaliá-los com maior riqueza.

Registro de uma experiência realizada na escola

Antes de iniciar-se a prática, houve uma breve conversação sobre o tema: "dentro da mamãe e saída".

Mostrou-se às crianças uma foto de uma mulher grávida vestida. Utilizaram-se como objetos auxiliares caixas de papelão, pneus de carros e caminhões, as mesas e as cadeirinhas da classe; e também outros objetos que as crianças trouxeram de casa, como, por exemplo, fronhas de travesseiro.

As mamães participantes dessa experiência utilizaram uma mesinha cada uma, porque não cabiam nas caixas nem nos pneus.

A prática desenvolveu-se assim:

As crianças se acomodaram dentro dos objetos auxiliares utilizados como continentes (foto 1).

Cinco delas situaram-se na roda de caminhão e disseram que eram quíntuplos.

Cada uma buscou a melhor maneira de acomodar-se nesses espaços limitados (foto 2).

Como alternativa de objeto auxiliar, a professora colocou-se de tal maneira que seu corpo servisse como continente (foto 3).

As crianças saíram de seus continentes, uma de cada vez; quando isso sucedia, os demais aplaudiam espontaneamente.

O momento da saída: cada um à sua maneira (fotos 4 e 5).

A saída: um processo (fotos 6, 7, 8 e 9).

2. *Fora da mamãe até hoje*

Objetivo

O objetivo específico desse segundo momento é que as crianças adquiram as seguintes noções básicas:

1) A noção de espaço vital:
   a) onde fazem todas as coisas;
   b) que têm limites variáveis;
   c) que podem escolher e estruturar;
   d) onde os movimentos podem ser muito mais desenvolvidos.

2) A noção de continente e conteúdo:
   a) sua relatividade;
   b) sua variação.

3) A noção de crescimento e capacidade de ação.
4) A noção de qualidades de movimento.
5) A noção de atividade sensoperceptiva.

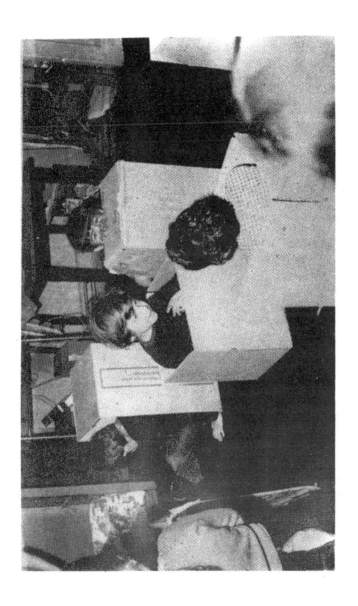

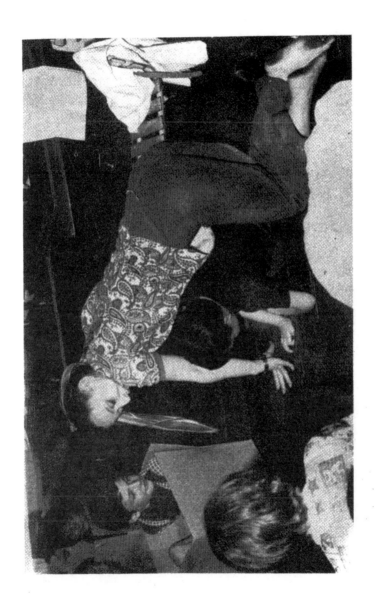

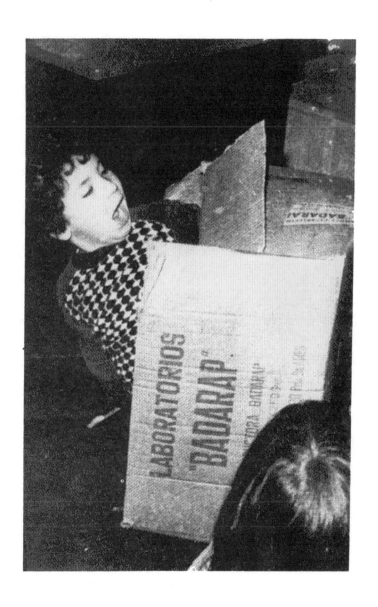

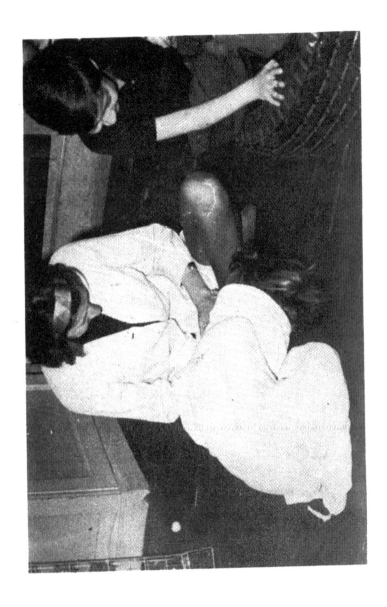

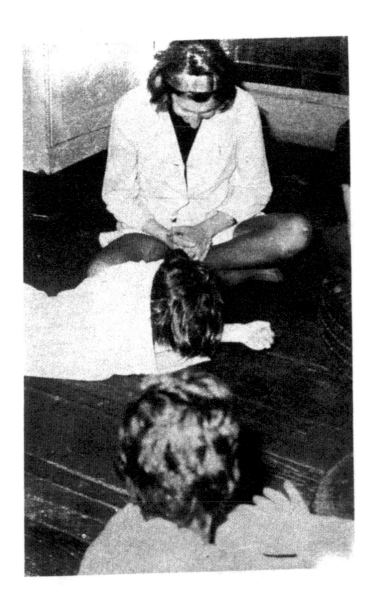

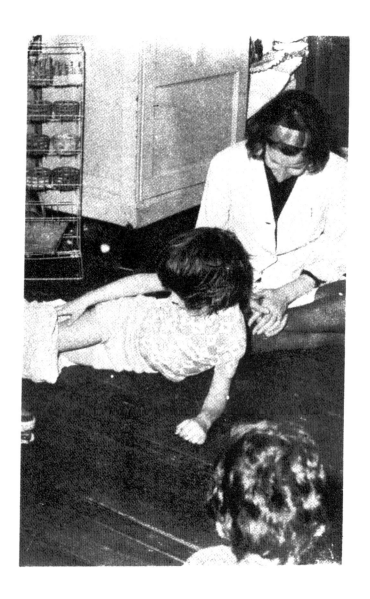

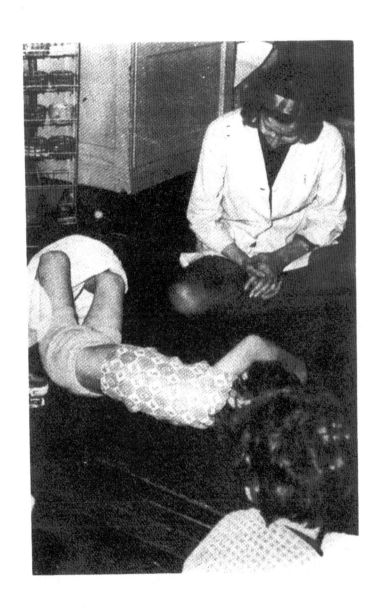

6) A noção de corpo, suas partes e seus pontos de apoio.

7) A noção de jogo como atividade que proporciona prazer (início da socialização).

Os objetos auxiliares: fundamentação de seu uso

É preciso ter elementos concretos a partir dos quais se desenvolvem a imagem e a ação criadora, da mesma forma que no primeiro momento. Isso porque as crianças estão na etapa do pensamento concreto: VER-TOCAR-MANIPULAR etc.

Buscamos primeiro a aplicação das noções citadas anteriormente para depois passar à sua evocação.

Os objetos auxiliares: sua escolha

1) Podem ser utilizados os mesmos objetos auxiliares do primeiro momento, desde que lhes seja dado outro significado, ou seja, que já não representem a barriga da mamãe. Pode-se contribuir para esse resultado:

a) alterando sua localização espacial (modo de apoio e seu lugar na sala);

b) aumentando ou diminuindo sua quantidade;

c) integrando-os uns com outros.

2) Novos objetos: qualquer objeto que sirva como ponto de referência:

a) com função delimitadora de espaço;

b) como auxiliar de movimento;

c) como estímulo para o desenvolvimento da imaginação;

d) como meio de comunicação.

As etapas abordadas

1) Recém-nascido: de estar deitado a estar sentado.
2) Infante: de estar sentado a estar em pé.
3) Deambulador: o andar.

Pontos a serem cobertos em cada etapa

1) Respiração.
2) Alimentação.
3) Sono.
4) Higiene (asseio pessoal).
5) Expressão e comunicação de sentimentos e necessidades (choro, sorriso etc.).
6) Brincadeiras:
    a) consigo mesma;
    b) com outros;
    c) com objetos;
    d) sem objetos.
7) Crescimento do corpo: psicomotricidade.

Definição e conteúdos da psicomotricidade

Desde que o bebê nasce são produzidas nele transformações organizadas em momentos ou estágios, que se encaminham e se regulam com um ritmo próprio, de acordo com as disposições internas e as situações enfrentadas. Nessa evolução incidem processos de amadurecimento, experiência e aprendizagem que interagem na formação da personalidade e na determinação da conduta.

A *atitude motora* se refere aos reflexos cervicais e labirínticos. Os primeiros são deslocamentos do corpo pela rotação das primeiras vértebras cervicais; os segundos, deslocamentos rápidos do corpo numa direção dada do espaço. Ambas as atitudes são relações entre a cabeça e os membros.

O *gesto motor* é o gesto espontâneo do recém-nascido que se caracteriza pela fusão de duas atividades fundamentais do músculo: encolhimento e tônus (que é o estado de tensão ativa no qual se encontram permanentemente os músculos), movimento propriamente dito e postura. Passarão semanas e meses antes que o recém-nascido esteja em condições de realizar de forma plenamente eficaz e diferenciada cada uma delas.

A diferenciação do encolhimento ou atividade clônica é conseguida quando os órgãos se diferenciam com o crescimento. Mas o papel do tônus no mecanismo motor é diferente e consegui-lo requer etapas sucessivas. O tônus se modifica no decorrer da infância. Durante os quatro primeiros meses existe pouca extensibilidade, há contextura fisiológica; posteriormente, dos quatro meses até os dois anos, chega a ser muito flexível ou suave. Seu equilíbrio funcional muda com a idade.

Existem diferenças individuais que se manifestam em tipos motores e psicomotores diferentes: os "muito flexíveis", "pouco extensíveis" ou "medianamente extensíveis". Isso se dá concomitantemente às outras duas propriedades do tônus: consistência e passividade.

Os primeiros gestos são bilaterais; depois de muitas semanas é que aparecem os gestos unilaterais.

A *sensibilidade corporal*, cinestesia ou sensibilidade sensorial (que tem um efeito emocional) abrange estímulos interoceptivos (sensibilidade visceral), proprioceptivos (através das articulações, músculos, atitudes e movimentos que regulam, com o controle do labirinto, o equilíbrio e as sinergias necessárias para o deslocamento corporal total ou local) e exteroceptivos (sensibilidade cutânea, tátil e térmica dolorosa, e dos órgãos periféricos). As sensações são cinestésicas.

O *esquema corporal* é a imagem dinâmica das diferentes partes do corpo, suas distintas posições, deslocamentos e todo o potencial de atividades e atitudes possíveis (que se denominam práxis); é uma totalização e unificação das sensibilidades orgânicas e das impressões posturais, que se revelam no movimento.

O espaço corporal (proprioceptivo) envolve uma direita e uma esquerda dos gestos, que recebem uma orientação. O ato acrescenta ao gesto uma adaptação ao espaço visual do meio que nos circunda, adaptando-se aos objetos.

Dessa mesma forma, o espaço corporal é uma imagem entre outras imagens, sem outra particularidade que não o interesse afetivo que o sujeito demonstra nas relações entre o espaço gestual e o espaço dos objetos e da acomodação motora ao mundo exterior. Através dessas relações consegue-se a orientação de direção e distância, com base nos sentidos da visão e do tato. Para atuar no espaço, a criança é obrigada a compreender pouco a pouco que as coisas que a cercam têm uma trajetória que não depende dela. Ao adotar posturas e realizar movimentos no espaço surge o sentido da esquerda e direita próprias, chegando-se mais tarde à noção de que podem possuí-las outras pessoas e outros objetos.

Se há uma correta evolução postural de movimentos e sensações, haverá uma correta orientação espacial direita-esquerda. Quando esse modelo postural não pode chegar a ser formado equilibradamente, existem dificuldades no reconhecimento das disposições das coisas e dos símbolos da linguagem escrita (aprendizagem da leitura-escrita e/ou matemática) e na personalidade.

Para uma correta orientação temporal e rítmica intervém fundamentalmente o sentido da audição. A discriminação auditiva dos sons ou das palavras não consiste apenas na sua captação, mas também na ordem de tempo entre um som e outro, entre um fonema e outro, entre uma sílaba e outra, entre uma palavra e outra, num conjunto determinado e na reprodução de um ritmo próprio na postura, na expressão corporal, na linguagem. A diferenciação rítmica e sua orientação temporal são instrumentos fundamentais para a aprendizagem da leitura e da escrita.

Por existir uma correlação entre o desenvolvimento das funções do movimento e da ação e o desenvolvimento das funções psíquicas, destacaremos os seguintes aspectos da psicomotricidade:

Tônus: a) muscular: duros, pouco extensíveis ou moles, muito flexíveis ou mistos; b) lateralidade: uso de mãos e pés.

Motricidade: a) postura: equilíbrio estático e equilíbrio dinâmico; b) manual; c) coordenação motora.

Esquema corporal: formação do conhecimento corporal.

Espaço: orientação, organização, representação, adaptação.

Ritmo: percepção rítmica, adaptação do corpo aos ritmos.

Modalidade da inteligência: relação entre a capacidade intelectual e as manifestações sensorimotoras nos primeiros anos de vida.

Análise das etapas do desenvolvimento psicomotor

1. DE ESTAR DEITADO A ESTAR SENTADO

I. De 0 a 3 meses

TÔNUS: Até o quarto mês o bebê apresenta uma hipertonia (tensão exagerada do tônus muscular) fisiológica e falta de maturidade neurológica que dificulta a dissociação de movimentos.

Durante as primeiras semanas, o lactente fica estendido em posição passiva, braços e pernas flexionados e, por causa da relação do tônus e dos reflexos, depois de alguns dias já pode flexionar e estender os membros em movimentos amplos.

MOTRICIDADE: Aqui também adquire importância a relação do tônus e da motricidade: ao tratar de levantar a cabeça por um instante, seu rosto vira-se para um lado.

Com um mês e meio consegue movimentos mais amplos de braços, pernas, ombros e cadeiras. Durante essas primeiras semanas, em posição ventral, pode manter a cabeça levantada por um tempo mais longo.

No fim dos primeiros três meses, bate tanto os pés que termina por rolar de lado. Sua motricidade aumenta, é mais difícil controlá-lo. Já não é essencialmente passivo. Na posição ventral pode manter a cabeça erguida por um momento e o seu rosto já não vira para um lado.

Se se trata de sentar o bebê, ele afunda e sua cabeça se movimenta da direita para a esquerda.

De pé, levanta alternativamente as pernas em contato com o chão. Esse movimento é involuntário (reflexo).

Em relação ao tônus: os dedos estão levemente flexionados. Os punhos fechados nas primeiras semanas; agarra com força aquilo que for colocado em suas mãos, mas não pode atirá-lo. São movimentos reflexos.

ESPAÇO: Paralelamente é fundamental a relação entre motricidade e espaço referida a atos em primeiro lugar e, paulatinamente, ajuda a estabelecer tanto os espaços corporais como os esquemas reflexos: espaço bucal, visual, tátil etc. Motricidade e espaço se complementam para que o bebê possa seguir um objeto móvel: olha os objetos.

RITMO: Toda manifestação de vida tem ritmo, um ritmo e tempo peculiares. Desde o primeiro momento da gestação e na evolução adquire importância o ritmo das batidas do coração materno. Embora cada função vital tenha um ritmo próprio, existe uma estimulação proprioceptiva rítmica quando a mãe embala seu filho.

O ritmo interno corporal não só está relacionado com os atos, mas também em íntima conexão com estímulos sonoros. Após duas semanas ou um mês, o recém-nascido será realmente sensível à voz humana. Reage ante ruídos violentos com uma explosão de motilidade geral ou um reflexo de Moro; depois se imobiliza para escutar. A partir da sexta semana responde com mímica facial ou com um piscar de olhos.

MODALIDADE DA INTELIGÊNCIA: Inteligência sensorimotora. De 0 a um mês, são os exercícios dos reflexos de sucção, apreensão, fonação. Cada reflexo é uma atividade específica que se reproduz e se generaliza. Até os três ou quatro meses e meio observam-se as primeiras adaptações adquiridas e a reação circular primária, que são movimentos voluntários que se centram sobre si mesmos; repete ações desencadeadas ao acaso que lhe foram agradáveis e que constituem os primeiros hábitos e habilidades.

II. De 3 a 6 meses

TÔNUS: Começa um período de maior flexibilidade que Wallon caracteriza como impulsividade motora. Nessa segunda etapa é preciso discernir os reflexos condicionados dos não-condicionados da primeira. Agora, há distribuição do tônus em pontos de apoio tomados do meio exterior para mudar de posição; e formação de reflexos condicionados ligados às grandes necessidades da criança. Por reflexo, agarra aquilo que se lhe puser na mão e o faz com três dedos (o polegar e o indicador intervêm muito pouco).

MOTRICIDADE: Aproximadamente aos quatro meses a criança adota uma atitude simétrica em posição dorsal. Colocada em posição ventral olha em torno dela com a cabecinha levantada. Apóia-se sobre os antebraços e mais tarde sobre as mãos.

A impulsividade motora se evidencia na medida em que a criança reage perante o meio: trata de colocar-se em posição dorsal se está deitada de bruços. Na posição ventral desenvolve grande atividade: levanta-se, apoiando-se em uma das mãos, e procura buscar os objetos com a outra mão.

Braços e pernas efetuam movimentos de natação. Eleva os pés em extensão. Não sustenta bem a cabeça quando está sentada, mas o balanceio é menor. Necessita de ajuda para sentar-se porque tende a cair para a frente ou para o lado.

No começo desse trimestre, se é mantida em pé, levanta as duas pernas ao mesmo tempo. No final desse trimestre, necessita de um ligeiro apoio para permanecer sentada e sustentar bem a cabecinha. Se é levantada pelas mãozinhas, colabora com o esforço. Se é colocada em pé, os pés permanecem no chão, salta ou esboça passos.

ESPAÇO: A motricidade atingida ajuda a agir em terceira dimensão e amplia a exploração do mundo que a rodeia. Coordena os movimentos dos olhos e das mãos. Estende os braços, primeiro os dois, depois apenas um, em direção ao objeto fixo ou móvel e, finalmente, consegue pegá-lo. Manipula o objeto e o solta bruscamente.

Diante de um objeto, aproxima-se e o pega com a ponta dos dedos e a palma da mão e trata de agarrá-lo quando cai. Passa o cubo de uma mão à outra. O espaço locomotor caracteriza essa fase. Pôr os objetos na boca, chupá-los e batê-los é característica da exploração do movimento.

RITMO: O ritmo é a harmonia emocional nesse viver explorando e acompanha seus atos. Diante de um som fora de seu alcance, vira a cabeça para o lugar de onde provém. Há ritmo em seu grunhido, em seu palavreado espontâneo e em sua vocalização.

MODALIDADE DA INTELIGÊNCIA: Começa o período das reações circulares secundárias, porque repetem e prolongam as reações circulares primárias; trata de fazer durar situações interessantes ao descobrir que um meio utilizado com êxito uma vez pode surtir efeito novamente.

Propostas para adequar a informação analítica anterior à prática

Logo depois de nascer já faziam muitas coisas, mas não se lembram de nenhuma delas. Tratarão de recordar entre todos o que faziam e como o faziam e o que ainda não sabiam fazer: *Sabiam* respirar, chorar, chupar (outras idéias propostas pelas crianças). *Não sabiam* falar, andar (outras idéias propostas pelas crianças).

O "quê" e o "como" das coisas que faziam

— *Respiração*: inspiração e expiração rápidas e pouco profundas.

— *Alimentação*: sucção forte e indiscriminada (de tudo o que lhe põem na boca).

— *Sono*:

quanto: muito;
como: de bruços, para que saia o ar que ficou na barriga depois de comer.

— *Higiene*:

a) fazer xixi e cocô: sabiam como, mas não sabiam avisar que estavam com vontade e faziam na fralda;

b) tomar banho.

— *Expressão e comunicação*:

a) chorar: quanto: muito mais que agora, porque era o único meio de comunicação até que apareceu o sorriso. Por que: quando tinha sensações desagradáveis de tensão produzidas pela dor, pela fome ou incômodos: quando estava molhado, sujo ou quando se sentia só;

b) sorrir: balbucio e gorjeio, voluntário ou involuntário.

— *Jogo*:

a) os primeiros jogos com a mãe: pondo a mão na boca da mamãe, puxando-lhe o cabelo, a orelha, os colares e a roupa.

Por que: porqué a mãe a carregava no colo e tudo isso estava ao seu alcance e atraía sua atenção;

b) os primeiros jogos com seu corpo:
com as mãos: juntá-las, chupá-las etc.
com os pés: juntá-los, chupá-los etc.
com os olhos: olhava tudo;

c) com o pai;

d) com outras pessoas.

Pautas e sugestões para o desenvolvimento

Mostraremos lâminas, filmes, diapositivos, fotos etc. ou, melhor ainda, convidaremos alguma mãe para vir à pré-escola com o seu bebê recém-nascido para que as crianças possam observá-lo. Depois conversaremos sobre o que um bebê pode fazer: o "como", o "onde" e o "quando" de suas ações, assinalando a condição de dependência e falta de autonomia que tinha ao nascer.

A inclusão da expressão corporal na pré-escola implica a participação consciente das crianças nas ações. Portanto, não são perda de tempo as conversas e explicações prévias, uma vez que sobre elas é que será baseada a sua ação.

Uma vez que entramos no tema do que fazia e não fazia o bebê, poderão ser planejadas quais serão as ações escolhidas para trabalhar sua expressão corporal. Os aspectos que abordamos previamente sobre o desenvolvimento psicomotor do bebê de 0 a 6 meses têm uma finalidade informativa para o professor e não indicam necessariamente os pontos que as crianças devem seguir em seus trabalhos criativos.

Do que vimos anteriormente, deriva-se a seguinte seqüência das informações e atividades:

a) informação que a professora deve ter ao abordar essa etapa;

b) informação que a professora decide transmitir às crianças como ponto de partida para o planejamento conjunto da tarefa;

c) atividade derivada dessa informação prévia. Essa atividade gerará um grau de interesse cuja intensidade determinará a extensão e o aprofundamento dos trabalhos, definindo assim a quantidade de aulas para cada tema.

Os objetos auxiliares utilizados nesse momento têm a função primordial de representar continentes: todo tipo de berços, carrinhos, caminhas, banheiras, trocadores, mochilas para bebê etc. Além desses objetos usados como continentes podem ser utilizados, como acessórios, todos os que sejam encontrados nos cantos, como, por exemplo, mamadeiras, fraldas, bonecas etc.

Reafirmaremos aqui a noção de alternância de papéis. Além de se fingirem de bebês, podem ser também mães e pais. Podem dar banho e tomar banho, levar a passeio e ir a passeio, alimentar e serem alimentados etc.

Desenvolver-se-á nas crianças a noção dos diferentes tipos de movimentos que a criança pode fazer nesse segundo momento (recém-nascido). Por exemplo: na banheira, bate os pés, move os braços, retorce o corpo e acompanha a mãe com o olhar. Esta última ação pode gerar um jogo de espelho: uma criança, deitada, segue com o olhar e trata de imitar os gestos e movimentos de outra que está inclinada sobre ela. Podem ser inventados outros jogos seguindo os procedimentos indicados ao se tratar do desenvolvimento psicomotor.

Cabe destacar a importância do papel ativo-passivo do bebê. Não podemos dizer que o bebê quando está acordado seja um ser passivo (tonicamente falando), já que ele participa. O que podemos dizer é que é predominantemente passivo na relação de dependência que tem com quem cuida dele. Deixa que lhe troquem as fraldas, mas participa nessa ação mexendo as pernas, sacudindo-se etc. Na banheira, mesmo sendo sustentado e lavado, é ativo em seus mergulhos, chutes, risos ou choro etc.

2. DE SENTAR-SE A FICAR EM PÉ

I. De 6 a 9 meses

TÔNUS: Igual ao período anterior.

MOTRICIDADE: Passa da posição dorsal à ventral, o que lhe possibilita levantar-se e engatinhar.

Para engatinhar, levanta-se, arrasta-se para a frente apoiando-se nas mãozinhas e cai sobre a barriga. Arrasta-se sobretudo com as mãos.

A criança começa a levantar-se e se apóia nas grades do berço. Aos sete ou oito meses senta-se sozinha, apóia-se sobre as palmas das mãos e inclina-se para a frente.

Para permanecer em pé tem que se sustentar com as duas mãos. Se é sustentada, salta ativamente.

Senta, engatinha, levanta e fica de pé se for sustentada. Faz a maior parte das atividades sentada, porque assim coordena os movimentos.

ESPAÇO: Continua a exploração locomotora, descobrindo os limites dos espaços dos objetos, e descobre seu próprio corpo: morde e chupa brinquedos, procura brinquedos fora de seu alcance (descobre a distância, o espaço entre ela e o objeto). Bate os brinquedos e os atira ao chão, pega cubos e os passa de uma mão à outra. Ensaia para pegar pequenos objetos (pérolas ou bolinhas) com dedos separados em movimento de pinça, mas não consegue mantê-los entre os dedos.

Descobre o espaço corporal próprio: leva o pé à boca.

Busca e acaricia figuras, o que está relacionado com as primeiras aproximações de reconhecimentos corporais de objetos manipulados por ela.

RITMO: Aprimora seu ritmo: imprime ritmo próprio às suas atividades.

Pronuncia sons.

II. De 9 a 12 meses

TÔNUS: Lateralidade: Existe amadurecimento na predominância das mãos: mexe as mãos dando "adeus".

MOTRICIDADE: A função motora principal é o deslocamento. Engatinha de diversas maneiras: apoiando-se nas mãos e joelhos ou nas mãos e pés. Cada criança tem sua forma de engatinhar. Dá seus primeiros passos apoiada pelas duas mãos em arco e pernas separadas. Por volta de um ano dá sozinha seus primeiros passos com o corpo tenso; depois de alguns passos, vacila e torna a se sentar.

Apoiada, consegue sustentar todo o seu peso. Quando sentada, permanece firme indefinidamente.

Consegue maior coordenação motora: mantém as bolinhas na pinça do polegar e indicador. Pega os brinquedos com a ponta dos dedos.

ESPAÇO: Descobre o espaço de outros: estende o brinquedo a outras pessoas sem soltá-lo. Pode agarrar bolinhas e pérolas.

Começa a descoberta da direção vertical; brinca com os cubos e coloca dois cubos um em cima do outro, e analisa os detalhes dos objetos com a ponta dos dedos.

RITMO: Descobre o ritmo. Gosta dos sons soltos repetidos ritmicamente. Ri diante de ruídos inesperados ou de surpresa.

MODALIDADE DA INTELIGÊNCIA: Coordena esquemas, ajusta sua conduta com o objeto. A adaptação faz com que separe o transitivo (meios) do que é o fim, ou seja, aplica a outros fins os meios conhecidos.

Propostas para adequar a informação analítica anterior à prática

O "quê" e o "como" das coisas que faziam

— *Respiração*: mais lenta e profunda.

— *Alimentação*: ainda mama no peito e/ou na mamadeira, já começa a comer papinhas. Ainda não come sozinha. Succiona: chupa chupeta, polegar, dedo ou dedos. Já escolhe o que põe na boca.

— *Sono*: quanto: menos que antes; prolongam-se e se regularizam os períodos em que está desperta. como: já se acomoda como quer no berço.

— *Higiene*:
a) ainda não tem controle de esfíncteres;
b) desfruta muito a hora do banho.

— *Expressão e comunicação*:
a) chorar: por que: porque ainda não sabia falar e dizer o que tinha. Então chorava para comunicar que alguma coisa a incomodava (agora sabe falar e comunicar-se de outras formas).

b) sorrir: ato voluntário de comunicação, seu sorriso se converte em riso.

— *Jogo*: ver o que foi dito sobre a psicomotricidade nesse período.

Pautas e sugestões para o encaminhamento

Deverão ser levadas em consideração, em primeiro lugar, as pautas e sugestões dadas para a etapa anterior, agregando as que sejam aplicáveis a partir deste período que aborda os primeiros deslocamentos da criança.

Há uma ampliação do espaço vital do bebê, dada pelo fato de poder sentar-se e engatinhar. Isso implica uma mudança no conceito de continente e, como conseqüência, na utilização dos objetos.

Durante esse período, os objetos, além de continuarem sendo pesquisados, começam a ser atraentes, ter significado de briquedos e ser manipulados como tais. Exemplo: o jogo de puxar.

O corpo se prepara para a posição ereta e para caminhar. A criança segue um processo totalmente espontâneo de desenvolvimento de seus movimentos através do controle de diversos centros corporais.

O que interessa não é só que os alunos saibam que nessa idade uma criança pode sentar-se, engatinhar etc., mas que tomem consciência da maneira como ela tenta, testa, obtém êxitos e fracassos que caracterizam seu processo de aprendizagem. É interessante que a criança em sua etapa de pré-escolaridade comece a compreender que a aprendizagem não é conseguida automaticamente, mas sim através de um processo que abrange tanto o êxito como o fracasso. Quantas vezes o medo do fracasso inibe e cerceia o impulso necessário para abordar uma nova situação de aprendizagem!

Deslocamentos realizados por uma criança de 9 a 12 meses:

— *rodar*: deitada, passa da posição de bruços para a de costas, buscando no traseiro o impulso necessário, com movimentos de vaivém, até conseguir a mudança de posição;

— *rastejar*: deitada de bruços. Essa é uma etapa preparatória para engatinhar, e pela qual não passam necessariamente todas as crianças, mas que vale para nosso trabalho. É diferente de engatinhar, porque o tronco não se levanta do chão, mas se arrasta;

— *engatinhar*: é uma forma de deslocamento que se realiza, geralmente, sobre as mãos e os joelhos, mas há outras variantes possíveis, que podem ser inventadas pelas crianças ou incentivadas pela professora, perguntando, por exemplo: De quantas outras formas poderiam locomover-se se ainda não soubessem caminhar?

3. O ANDAR

I. De 12 a 15 meses

TÔNUS: Lateralidade: continua usando as duas mãos.

MOTRICIDADE:

a) postura e marcha: consegue dar os primeiros passos, fica em pé e cai pelo próprio peso. Deixa de engatinhar, mas ainda sobe escadas engatinhando;

b) manual: existe clara pressão nos dedos em pinça, o que lhe permite introduzir uma bolinha numa garrafa. Ajuda a virar as páginas de um livro;

c) coordenação motora: observa-se incipiente irritação ou tensão manual quando segura debilmente lápis, *crayons* etc., em seu rabiscar espontâneo.

ESQUEMA CORPORAL: Começa a descobrir seu espaço corporal e o dos outros, o que o leva a cooperar para vestir-se.

ESPAÇO: Ensaia construir uma torre com os cubos, o que afinal consegue: descobre a vertical.

Começa a descobrir desenhos, espaços limitados.

Empurra a bola em direção a outra pessoa com débil impulso.

RITMO: Vai descobrindo seu próprio ritmo harmônico ao andar. Usa uma linguagem peculiar, recorrendo a quatro ou cinco palavras às quais imprime uma cadência característica.

MODALIDADE DA INTELIGÊNCIA: Descobre potencialidades do objeto; varia suas ações para ver como afetam o objeto.

II. De 15 a 18 meses

TÔNUS: Lateralidade: começa a usar preferencialmente uma das mãos para uma série de atividades.

MOTRICIDADE:

a) postura e marcha: consegue segurança no andar. Caminha corretamente. Com ajuda, pode subir uma escada, pousando ambos os pés em cada degrau.

Senta-se sozinha numa cadeira pequena: nas de tamanho normal sobe e se vira para sentar.

Carrega e abraça a boneca ou o ursinho.

b) manual: vira as páginas de um livro, duas ou três de cada vez.

c) coordenação motora: nos desenhos, faz um traço imitativo sem prestar atenção na direção.

ESPAÇO: Constrói torres com três ou quatro cubos. Consegue fazer a linha vertical e depois rabisca. Diante de um livro olha atentamente as figuras. Joga a bola e dá um passo em direção a ela quando é grande. Joga a bola com as duas mãos e obedece a duas instruções dadas ao mesmo tempo, por exemplo: "Jogue a bola e dê um passo para frente." Arrasta os brinquedos.

RITMO: Atinge maior harmonia no deslocamento corporal, de acordo com suas possibilidades motoras. Movimenta-se tratando de imitar ritmos.

O ritmo de sua linguagem aumenta, pois seu vocabulário é de dez palavras, incluindo nomes.

MODALIDADE DA INTELIGÊNCIA: "Apresenta reação circular terciária" na descoberta de novos meios por experimentação ativa.

III. De 18 a 21 meses

TÔNUS: Igual ao período anterior.

MOTRICIDADE: Começa a correr, caindo. Abaixa-se para brincar, chuta a bola depois de uma demonstração. Pode subir a escada sozinha segurando o corrimão, mas só desce dando a mão a outra pessoa. Pega bem a xícara, leva-a à boca, bebe e torna a colocá-la na mesa.

ESPAÇO: Puxa as pessoas para mostrar-lhes algo. Coordena novas posições nos atos lúdicos. Não só constrói torres com cinco ou seis cubos, mas imita o movimento de empurrar o trem formado com cubos (horizontalidade).

RITMO: Movimenta-se ritmicamente ao ouvir música. Repete as duas ou três últimas palavras da frase que escuta. Estrutura ritmicamente rimas e canções. Chega a um vocabulário de vinte palavras; combina duas ou três palavras espontaneamente.

MODALIDADE DA INTELIGÊNCIA: Inventa novos meios. Pode reconhecer, no espelho ou em foto, seu corpo entre outros corpos num espaço prático homogêneo.

IV. De 21 a 24 meses

MOTRICIDADE:

a) marcha: corre bem, sem cair. Pode subir uma escada apoiando os dois pés em cada degrau, mas já sem ajuda.

b) manual: tira sozinho roupas simples.

ESPAÇO: Constrói torres de seis a sete cubos. Coloca dois ou mais cubos em forma de trem (descobre praticamente a direção horizontal). No desenho, imita o traço em forma de "V" e o traço circular.

RITMO: Consegue repetir rimas e canções. Movimenta-se com maior soltura, acompanhando ritmos. Repete três ou quatro sílabas. Utiliza orações de três palavras, substituindo sua linguagem peculiar. Refere-se verbalmente a experiências imediatas (conta coisas).

MODALIDADE DA INTELIGÊNCIA: Para atingir um fim, não busca a solução por meio de uma exploração manual visível: inventa novos meios por combinação mental. Transição do ato intelectual: do sensorimotor à representação (simbolização).

Propostas para adequar a informação analítica anterior à prática

O "quê" e o "como" das coisas que faziam

— *Respiração*: a respiração já se estabilizou na etapa anterior; não apresenta maiores mudanças nesta etapa.

— *Alimentação*: continua incorporando sólidos à sua alimentação. Trata de participar ativamente no processo de fazer chegar a comida à boca. Alguns continuam com mamadeira, chupeta e/ou dedo.

— *Sono*: quanto: encurtam-se os períodos de sono durante o dia; como: igual à etapa anterior.

— *Higiene*:

    a) em geral, o controle de esfíncter começa apenas no final desta etapa.

    b) gósta de ficar muito tempo brincando na banheira com seus brinquedos, pois como já é capaz de sentar-se sozinho pode brincar com eles.

— *Jogo*: ver o que foi dito sobre a psicomotricidade nesta etapa.

Pautas e sugestões para o encaminhamento

Às pautas anteriores agregamos as específicas desta etapa. Quando a criança começa a andar, agarra tudo o que lhe possa servir de apoio.

Ao abordar essa etapa utilizaremos os seguintes objetos auxiliares como sustentação: cadeirinhas, mesas, paredes, outras pessoas e coisas que se encontrem na sala e que pareçam apropriadas para as crianças.

Com o andar, ao contrário do engatinhar, começa uma atividade que continua no presente, o que permite uma comparação mais clara entre a forma de andar na atualidade e como o fazia quando tinha um ano. Por exemplo: caminhar com as pernas separadas e os braços estendidos, com o típico bamboleio e a tendência à aceleração que culmina ao "chegar ao porto" ou ao cair; caminhar empurrando objetos que ao mesmo tempo servem de apoio móvel. Buscaremos na escola objetos que sirvam a esse propósito (pode ser, inclusive, outra criança).

Nessa idade, a criança realiza uma atividade incansável de subir e descer de cadeirinhas, poltronas, banquinhos, camas, escadas e tudo o que tiver a seu alcance e lhe seja acessível por seu tamanho. Pode-se perguntar às crianças que objetos do ambiente permitiram reproduzir essas tentativas (ações).

Nessa etapa a criança se olha e se reconhece no espelho: isso nos dá oportunidade de praticar jogos de espelho aos pares. Uma faz e a outra (no papel de espelho) imita.

Interessa-se em produzir sons com qualquer objeto que lhe caia nas mãos, o que permite introduzir em nossa atividade todo tipo de jogos de sensibilização sonora e organização tímbrica e rítmica, como também de perguntas, respostas e ecos.

Segue com o olhar bolas ou outros objetos que se deslocam pelo chão. Poderemos, então, introduzir jogos similares que servirão para exercitar o controle ocular.

Proporemos jogos de atirar objetos com as duas mãos, mas não de agarrá-los, já que essa última ação ainda não estava ao seu alcance, embora já esteja atualmente.

AS ABORDAGENS: O PRESENTE E O FUTURO

Objetivo:

a) conscientização das mudanças evidenciadas desde o começo do ano; b) preparação para atividades futuras.

Análise das etapas do desenvolvimento psicomotor

I. De 2 a 3 anos

TÔNUS:

a) muscular: diminui a extensão dos músculos inferiores, conseguindo maiores habilidades motoras: seus joelhos e tornozelos são mais flexíveis, com maior maturidade no controle de mãos e pés. Movimento simétrico das mãos (sincinesias).

b) lateralidade: usa as duas mãos para segurar o copo de leite e freqüentemente apenas uma. Mostra preferência pelo uso de uma das mãos em suas atividades. Mexe o polegar, move a língua. Começa a ficar num pé só momentaneamente.

MOTRICIDADE:

a) postura e marcha: está próxima ao domínio completo da posição ereta. Permanece sentada numa cadeira durante períodos mais longos. Em seu andar há menos balanço e vacilações, como conseqüência do amadurecimento cefalocaudal, o que lhe permite um equilíbrio mais perfeito. Sua corrida é suave, aumenta e diminui a velocidade com maior facilidade, faz curvas fechadas e pode frear bruscamente. Pode subir escadas sem ajuda, alternando os pés, embora nem sempre o faça desse modo. Pode saltar com os pés juntos para baixo e para cima (não no sentido do comprimento). Começa a pedalar o triciclo.

b) manual: não domina bem o movimento de todos os seus dedos. Sabe desabotoar os botões da frente e do lado de sua roupa. Pode tirar o sapato e as calças. Vira as páginas de um livro uma por uma e a mão livre permanece apoiada.

c) coordenação motora: pode cortar com tesouras, enfiar contas com uma agulha. Agarra o cabo da colher com o polegar e os dedos em posição supina.

ESQUEMA CORPORAL: Toma consciência de seu corpo no que se refere ao conhecimento das partes corporais. Imita gestos simples no espelho. Tem dificuldades em sincronizar os movimentos.

ESPAÇO: Constrói torres de seis a nove cubos. Coordena a direção vertical com a horizontal em virtude do amadurecimento neuromotor. Coloca um cubo imitando chaminé sobre o trem. Constrói uma ponte de três cubos.

Copia o círculo e a cruz. Começa a imitar traços horizontais e verticais. Ou seja, pode seguir uma direção, mas a orientação de seus movimentos é defeituosa.

Sua percepção da forma e das relações espaciais depende ainda de adaptações posturais e manuais grossas. Seus estímulos visomotores mais finos não são suficientemente fortes, pois necessita de demonstração.

Compreende o significado dos advérbios "em", "sobre", "embaixo" e cumpre ordens relacionadas com eles.

Reconhece as duas metades de uma figura cortada.

RITMO: Expressa ritmicamente suas emoções de alegria dançando, saltando, aplaudindo, gritando ou rindo às gargalhadas.

Há ajuste corporal ao ritmo da dança. Improvisa cantos sem sentido, como um mecanismo para atingir a precisão de palavras. Seu vocabulário é mais amplo no que diz respeito a conceitos, idéias e relações, mas as palavras têm para a criança um valor musical ou humorístico que se manifesta no solilóquio e no jogo dramático desarticulado.

MODALIDADE DA INTELIGÊNCIA: Representativa mediante operações concretas. Preconceitual. Começo da função simbólica e de ações acompanhadas de representação por imitação e pelo jogo.

A linguagem leva a imitar o adulto, a confrontar-se com ele e com outras crianças em jogos paralelos.

Seu pensamento é egocêntrico.

II. De 3 a 6 anos

TÔNUS:

a) muscular: gosta de realizar provas motoras fáceis que se baseiam na maior independência da musculatura das pernas. Princípio de individualização de pernas, tronco, ombros e braços, que já não reagem tão em conjunto. Suas articulações parecem mais móveis.

b) lateralidade: pode levar um braço para trás e para a frente com maior independência e atirar a bola com certa força. Existe uma típica preferência pelo uso de uma das mãos. Abotoa as roupas e amarra os cordões dos sapatos com toda facilidade devido à predominância unilateral manual.

A predominância motora cefalocaudal se evidencia nos saltos com rebote sobre um e outro pé. Posteriormente maneja bem a escova de dentes e o pente, e sabe lavar o rosto.

MOTRICIDADE:

a) postura e marcha: progresso no equilíbrio corporal estático e dinâmico. Corre com mais facilidade, mantém o equilíbrio sobre uma perna e pula num pé só; consegue equilibrar-se em barras. No final, pode conservar o equilíbrio nas pontas dos pés. Seu andar é seguro, com balanço harmônico dos braços. Sua atitude postural espontânea dá a impressão de facilidade.

b) manual: seus gestos demonstram precisão no manejo de ferramentas. Apenas raramente emprega o método cinestésico de ensaio-e-erro nas montagens de figuras.

Utiliza o polegar e o indicador, este mais ativo, mas oferecem dificuldade o médio e o anular na inibição.

c) coordenação motora: responde à coordenação fina. Consegue introduzir a agulha num pequeno furo. Abotoa as roupas e amarra os cordões dos sapatos com toda facilidade. Introduz sucessivamente uma série de caixas, umas dentro das outras em ordem de sucessão e orientação. Tem percepção de ordem, forma e detalhe. Coloca bolinhas num frasco, deixando-as cair habilmente.

ESQUEMA CORPORAL: Consegue um conhecimento suficiente de sua direita-esquerda e dos movimentos cruzados. Tem consciência do conhecimento das partes corporais. Subsistem erros de direção na imitação de gestos simples, mas já não os faz em espelho. Os movimentos são sincronizados, sem vacilação.

Desenha a figura de uma pessoa com diferenciação de partes, da cabeça aos pés.

ESPAÇO: Aos quatro anos, traça uma cruz sem modelo ou guia, aos cinco copia o triângulo, e aos seis, o losango. Ao desenhar um círculo, aos quatro anos o faz no sentido horário; a partir dos cinco, traça-o em sentido anti-horário.

Resolve relações espaciais simples com referência à orientação das metades do quadrado ou do triângulo.

É realista em seus desenhos. Aos quatro anos, interpreta-os de forma variada, dando-lhes diferentes nomes; aos cinco, pelo contrário, o primeiro traço do lápis já aponta um objetivo definido; já sabe o que quer.

RITMO: Está apto a acompanhar com o corpo o ritmo de uma dança. Reproduz ritmos percebidos e, em alguns casos, responde com virtuosismo motor musical.

Os sentidos do tempo e da duração encontram-se mais desenvolvidos. Repete com precisão uma longa série de fatos de uma história, o que está vinculado com sua apreciação vivida do ontem e do amanhã.

Sua expressividade lingüística é rítmica.

MODALIDADE DA INTELIGÊNCIA: É representativa mediante operações concretas. O pensamento é intuitivo. A organização da representação está baseada na assimilação da própria ação. Estabelece correspondência termo a termo dependendo da percepção. Subordina-se a um realismo excessivo e de base egocêntrica. Depende de suas ações e da representação perceptiva.

Propostas para adequar a informação analítica anterior à prática

O "quê" e o "como" do que fazem

— *Respiração*: não muda seu ritmo. Já sabe dirigir o sopro e consegue apagar as velas do bolo de aniversário. Pode assoar o nariz.

— *Alimentação*: aprende a comer sozinha e a utilizar os talheres.

— *Sono*: acomoda-se como quer. Dorme menos horas por dia. Faz uma só sesta.

— *Higiene*: começa a tomar banho sozinha, pode lavar e enxugar as mãos e o rosto, escovar os dentes e pentear-se sozinha, especialmente ao final desta etapa. Não usa mais fraldas e pede para ir ao banheiro.

— *Vestir-se e desvestir-se*: quer escolher a roupa e trata de vestir-se sozinha; tirar a roupa é mais fácil para ela, por isso o consegue primeiro.

— *Expressão e comunicação*: pode comunicar seus desejos e necessidades utilizando palavras, mas sendo necessário chora ou ri, grita e tem crises de raiva e faz manha.

— *Jogo*: socialmente, de 2 a 6 anos, a criança passa do jogo paralelo ao jogo com outras crianças. Há uma melhor estruturação do tempo. Realiza jogo com outros (no final do período). Vivencia a necessidade de um companheiro para certas atividades. O jogo dramático, no início desse período, é desarticulado; no final começará a dramatizar temas coerentes e elaborados.

Pautas e sugestões para o andamento

As pautas e sugestões dessa etapa são de fundamental importância uma vez que cumprem uma dupla função: conscientizadora e avaliadora.

Os trabalhos práticos relacionados com essa etapa de seu crescimento terão o mesmo caráter daqueles do início do ano.

Para responder aos objetivos do nosso projeto começaremos a tarefa anual com as crianças em sua atualidade (tal como a vivem nesse momento), para tornar a ela no fim do ano, enriquecidos por haver trabalhado sobre aspectos dos primeiros anos de vida.

Por esse motivo, é útil que o professor mantenha um registro comparativo entre ambas as etapas, comprovando assim se realmente houve uma revalorização de suas possibilidades atuais em cada uma das crianças. Isso constituirá um dos índices do êxito do trabalho.

As pautas que indicamos antes são de caráter geral. O desenvolvimento de todos os aspectos dependerá do critério do professor e do interesse do grupo na primeira abordagem ou durante a segunda, a omissão de alguns, sua alternância ou acréscimo, na segunda etapa, de pautas novas que virão do desenvolvimento do próprio trabalho feito em cada grupo.

Nas etapas anteriores, os objetos auxiliares foram utilizados sobretudo para representar ou substituir uma realidade que não se podia ter na sala de aulas. Por exemplo: foram utilizadas rodas, sacos, para simular a barriga da mamãe; cadeirinhas para simular carrinhos, berços e outras coisas. Ao abordar o presente, além de serem transformados pela imaginação em outras coisas, introduzimos os objetos com a finalidade de conhecê-los tais quais são: por exemplo, a cadeirinha como o objeto sobre o qual nos sentamos.

Para chegar a esse conhecimento tão importante para a criança, uma vez que lhe permitirá exercitar suas possibilidades de conhecer a realidade que a rodeia, partimos dos instrumentos que possui para conhecê-la: seus sentidos.

Nosso objetivo é que ela os conheça e saiba usá-los com imaginação, sensibilidade e eficácia. Utilizaremos tanto os objetos que temos na escola como os que as crianças queiram trazer de casa.

Nesta etapa, o tipo de conversa do professor com as crianças, antes de cada atividade, difere das conversas que eles tinham nas etapas anteriores. A tarefa do professor será agora guiar e dirigir o desenvolvimento de idéias e sugestões das crianças visto que se trata, nesse momento, de sua atualidade, de sua atividade diária.

Cada criança vai querer dizer, mostrar e demonstrar tudo aquilo de que é capaz.

V.

REFLEXÕES SOBRE A INTEGRAÇÃO DA TEORIA E DA PRÁTICA DESSA ATIVIDADE

COMO SE ENTRELAÇA A EXPRESSÃO CORPORAL COM A VIDA ESCOLAR

— Em qualquer momento:
Reconhecemos que, indubitavelmente, muitas professoras de pré-escola, sem dar esse nome, já estão fazendo expressão corporal com suas crianças.
— Nas atividades específicas:
Asseio, formações, distribuição de lugares etc.
— Em momentos em que se faz necessária a liberação da motricidade:
A criança gosta de correr, saltar, golpear etc.
— Em momentos dedicados ao canto, à música, às artes plásticas.
— Em unidades curriculares:
A família, o bairro, os transportes etc.
— Em unidades novas:
Por exemplo, a história da criança.

Consideramos que a professora de pré-escola é o médico-clínico da educação pré-escolar; tendemos, assim, à integração e não à confusão da sua tarefa com a dos especialistas. Buscamos uma maior e melhor colaboração entre elas e os professores especializados nas áreas de educação física, música, artes plásticas etc.

A professora de pré-escola tem de conhecer o "quê", o "porquê", o "como", o "onde" e o "quando" da expressão corporal.

Devemos mudar o conceito de que o professor é apenas transmissor e o aluno é só receptor: o trabalho é conjunto.

Existem programas de atividades de expressão corporal nos quais se procura desenvolver a consciência do corpo "de fora para dentro", a partir do modelo proposto pela professora para incorporação desse modelo pela criança. A criatividade, nesses casos, provém da professora; é ela quem expressa sua criatividade, quem elaborou os modelos.

Em nossa proposta, trabalhamos com um tema que parte das necessidades e interesses da criança e que pretende desenvolver nela a atividade pesquisadora e criadora. Por isso a importância de aprender a incentivar de tal forma que a criança realmente pesquise.

Por exemplo, há diferença entre dizer: "Andem nas pontas dos pés", "andem de quatro" etc. e dizer: "De quantas formas podemos andar?". No segundo caso ajudamos a criança a pensar, a pesquisar, a elaborar e expressar suas próprias respostas à pergunta aberta sobre o andar, em vez de copiar modelos mecanicamente. Com isso não pretendemos diminuir a importância do papel orientador da professora em todas as atividades formativas, nem negamos a necessidade de estimular determinadas ações para conseguir, entre outras coisas, uma melhor postura ou higiene corporal em geral.

Devemos saber não apenas aonde queremos chegar, mas também como conduzir o processo. Saber resgatar as descobertas e levá-las a uma riqueza cada vez maior. Esse é para nós o caminho para a conscientização e criatividade corporal:

— num primeiro momento, o início da pesquisa;

— num segundo momento, resgatar o que foi pesquisado;

— num terceiro momento, encaminhar o que foi encontrado.

Adquirir a consciência como primeiro elo para a modificação.

Não se pode modificar o que não se conhece; não é suficiente conhecer, se depois não se assume sua modificação.

A professora não deve utilizar esta atividade apenas para satisfazer suas necessidades criativas, quando não sejam compatíveis com o processo da criança.

Não se pode competir com os alunos!

Procuraremos que a criança viva seu corpo como tal, que não se limite a saltar como uma bola, ou a mexer os braços como um pássaro.

Na expressão corporal, utilizamos a imagem com um duplo aspecto: a) como auxiliar na exercitação funcional do corpo, e b) como eixo ou centro em si mesmo.

EM QUE CONSISTE UMA AULA DE EXPRESSÃO CORPORAL

Os três momentos mais significativos são:

— o começo;
— o desenvolvimento;
— o final, fecho ou síntese.

Começo: definimos assim o primeiro momento da tarefa. O "aquecimento" inclui tanto criar um clima propício de tranqüilidade e desejo de trabalhar como satisfazer as necessidades motoras dos alunos. (Nosso objetivo como autoras deste livro não é ensinar psicomotricidade, mas sim, oferecer imagens relacionadas com a ação criativa da criança.)

Algumas atividades para esse momento da aula:

105

— mudar os móveis de lugar para deixar a sala livre;
— sentar-se e conversar sobre o tema da aula;
— movimentar-se sem chocar com pessoas nem coisas;
— remexer-se dentro da roupa etc.

Desenvolvimento: o modo específico de abordar o tema escolhido.

Final, fecho ou síntese: esse momento é tão importante como os anteriores. É conveniente calcular bem o tempo para que o processo criativo não seja interrompido de forma brusca.

Nesse momento, procuramos, mediante um jogo, uma conversa ou um descanso organizado, fazer com que a criança possa realizar um fechamento de sua experiência e reter na memória uma grata lembrança dela.

VI.

EXEMPLO DE ESQUEMAS DE AULAS REALIZADAS NA PRÉ-ESCOLA

Tema: Atividades diárias atuais: dormir, sonhar, acordar.

Objeto auxiliar: manta ou lençol trazido pelas crianças.

Motivações: a) Como fazemos quando vamos dormir?

b) Com que podemos sonhar?

c) De quantas maneiras diferentes podemos acordar?

d) Para que mais pode servir uma manta ou um lençol?

Registro dos acontecimentos:

a) Prosseguiu-se com a conversa iniciada no dia anterior sobre ir dormir. Cada criança fez sua caminha e se deitou, fingindo dormir: relaxaram-se e provaram diferentes posições que o corpo pode adotar para dormir.

Idéias para o emprego da mantinha:

— alisá-la e deitar em cima dela;

— cobrir-se de diferentes maneiras;

— enrolá-la e usá-la como travesseiro;

— outras idéias das crianças e da professora.

b) Depois de acomodadas, brincaram de sonhar. Mexeram-se de acordo com o sonho, para que os outros adivinhassem com o que estavam sonhando.

Estes foram alguns dos sonhos:

— um leão pendurado num avião;

— uma pomba;

— um equilibrista;

— uma flor;

— um homem com uma pistola de raios na mão.

c) Acordaram de diferentes maneiras, por exemplo: despertando sucessivamente diferentes partes do corpo, espreguiçaram-se e esfregaram os olhos, coçaram o couro cabeludo e puseram em prática outras idéias das crianças e da professora.

Tema: O corpo

A) Os braços

Motivações: a) Como fazemos para mostrar e esconder os braços?

b) Como fazemos para conhecer os braços?

c) Que movimentos podemos fazer com os braços?

d) Agarrar, levantar e mexer um de nossos braços com a outra mão.

e) Fazer a mesma coisa com o braço de um companheiro.

f) Brincar de marionetes.

Registro dos acontecimentos:

a) Cada criança responde a essa motivação à sua maneira: mostrando os dois braços ao mesmo tempo ou um de cada vez, escondendo-os nas costas, embaixo da roupa, sentando-se em cima deles etc.

b) Olharam e tocaram os braços, designando verbalmente as partes que discriminavam. Usaram um dos braços como objeto observado e passivo e a outra mão como instrumento ativo para essa pesquisa.

c) Aqui, descobriram as articulações da mão e do braço e as múltiplas qualidades de movimentos que podem ser efetuados com esse membro.

d) Ajudadas pelas sugestões e pelo controle da professora experimentaram levantar uma mão com a outra, um dedo de cada vez, todos juntos, desde o pulso, desde o cotovelo e desde a axila. Aprenderam, mediante esse processo, o significado de um braço ativo e outro passivo, trabalhando assim o controle do relaxamento.

e) Realizaram as mesmas experiências com um companheiro com a ampliação que representava poder usar os dois braços ao mesmo tempo.

f) Nesse jogo, uma criança fez o papel de quem manejava, manipulando o corpo do companheiro como se fosse uma marionete. (A marionete pode estar em pé, deitada, sentada ou ajoelhada; o manipulador deve cuidar do corpo de sua marionete, e a marionete deve aprender quais partes do seu corpo deve controlar por si mesma e quais deve relaxar para que sejam manejadas.)

Tema: O corpo

B) O tronco

Motivações: a) Com que partes do corpo podemos tocar o tronco?

b) Usando as mãos, que sons podemos produzir nas diferentes partes do tronco?

c) De quantas maneiras podemos mexer nosso tronco?

d) Jogos nos quais o protagonista é o tronco.

Registro dos acontecimentos:

a) As crianças experimentaram com as mãos, pulsos, antebraços, cotovelos, braços, cabeça, pés e pernas etc.

b) Bateram no peito, na barriga e no traseiro. Bateram na parte alta das costas de um companheiro, ao ver que não podiam fazê-lo nas próprias.

c) Praticaram todas as flexões, extensões e rotações possíveis.

d) Deslocaram-se e, a uma indicação, "chocaram" com um companheiro usando como ponto de contato parte do tronco.

e) Ficaram em pé junto com um companheiro, costas contra costas e giraram ambos como se fossem uma engrenagem. Em posição sentada, costas contra costas, uniram e separaram as costas como se estivessem imantadas.
Procuraram seu próprio traseiro com os olhos para efetuar rotações da coluna vertebral.

f) Deitaram-se apoiando apenas o tronco, sem deixar que a cabeça, os braços e as pernas tocassem o chão. Experimentaram de costas, de bruços e de lado.

Tema: O corpo

C) Integração como uma unidade

Objetos auxiliares: Papel e *crayon*.

Desenvolvimento: Esse trabalho foi realizado depois de várias aulas sobre o tema "O corpo". Cada criança tinha na sua frente, no chão, uma folha branca de papel tamanho ofício e um *crayon* colorido. As crianças reconheceram de forma gradual e orientada pela professora as diferentes partes de seu corpo, suas formas e zona de união. Na medida em que seguiram o processo de reconhecimento, começaram a desenhar na mesma ordem. Foi um constante ir e vir do corpo ao papel, da pesquisa do objeto real "corpo" à sua representação gráfica: o desenho.

APÊNDICE A

SELEÇÃO DE TEXTOS

Como autoras deste trabalho, consideramos útil incluir nele uma seleção de textos que fundamentam os termos e conceitos utilizados.

Este apêndice não pretende, de nenhuma maneira, esgotar a bibliografia existente, mas apenas fazer com que o leitor participe de nossa tarefa de pesquisa e criação, que abrange também a busca e leitura de materiais diversos.

Escapa às nossas possibilidades reproduzir aqui textos muito extensos, e por isso selecionamos de cada obra alguns parágrafos que nos pareceram especialmente interessantes e que podem incentivar nossos leitores a uma indagação mais profunda.

Interação de organismos e ambiente

(Resumido de Lagache, D., "Eléments de psychologie médicale", *in Encycl. Médico-chirurg., Psychiatrie,* T. I. Paris, 1955.)

As novas idéias de psicologia orientam para as interações do organismo e do meio, especialmente para os processos de comunicação e fenômenos de intersubjetividade.

As oposições antitéticas de conceitos foram substituídas pela noção de sua implicância recíproca. Por exemplo, as oposições organismo-meio; indivíduo-sociedade etc. O desenvolvimento da personalidade aparece como uma socialização progressiva.

Os problemas da representação, das relações e da comunicação com os outros tornaram-se representativos para a psicologia atual.

A psicologia contribuiu para o destaque da interdependência do organismo e do meio; chegou-se assim à integração das duas noções numa representação de conjunto.

As mesmas tendências de pensamento revelam-se naquilo que a psicologia moderna faz com os conceitos organismo e personalidade: um, com uma conotação mais geral e mais biológica; outro, com uma conotação mais especificamente humana e psicológica.

As relações dos aspectos físico e moral têm sido um problema para a psicologia clássica, problema ligado à separação que se opera entre os fenômenos psíquicos e os fenômenos materiais. Desenvolvem-se estes no corpo ou no meio físico e social?

Assim expresso, o problema leva a posições doutrinárias insatisfatórias, já que o organicismo pretende explicar, por meio de determinantes somáticas, a totalidade ou a maioria dos fenômenos da personalidade e da conduta.

Esse conceito é antiquado se consideramos as possibilidades da idéia da interação do organismo com o meio ambiente entendido como um todo.

A principal característica dos organismos vivos é sua capacidade de manter sua existência como sistema único, no qual são necessárias não só ações fisiológicas, mas também condutas dirigidas a objetos exteriores ou sobre o próprio organismo.

Allport diz: Personalidade é a organização dinâmica, no interior do indivíduo, dos sistemas psicofísicos que determinam seus ajustes únicos ao meio.

Meio ambiente e situação

A necessidade de clareza e precisão levou os psicólogos à oposição de organismo e meio, considerando este último como fonte de ações modificadoras que se exercem sobre um organismo, compreendidas aí as influências (sociais e educativas) por oposição às condições hereditárias.

Segundo Piéron, o "entorno" designa o conjunto de condições especialmente distribuídas em torno do organismo, com interação, constituindo o complexo unitário organismo-meio, e o termo meio ambiente designa especialmente o meio social imediato, o meio humano. O termo "situação" designa mudanças do complexo organismo-meio ambiente, no qual o meio ambiente é o agente. A noção de situação não pode ser aprofundada independentemente do organismo em situação. A idéia de uma situação psicológica objetiva, real, que tenha uma situação independente do organismo, só é válida para aqueles aspectos abstratos e gerais; mesmo quando muitas pessoas se encontram implicadas na mesma situação, a situação não é concebível independentemente dessas pessoas. Isso vale também para uma conduta relativamente parcial. Por exemplo, no caso da percepção, um agente físico não se constitui em estímulo senão para um organismo cuja estrutura e estado presente possibilitem a sua percepção.

Inversamente, não há organismo que não esteja em situação.

Definição de conduta

Os termos "conduta" ou "comportamento" conotam as modificações do campo psicológico cujo agente é o organismo.

O termo "conduta" introduz, além disso, considerações de "motivação", de "significação".

A conduta é o conjunto de operações (fisiológicas, motoras, verbais, mentais) pelas quais um organismo em situação reduz as tensões que o motivam e realiza suas possibilidades.

Unidade da conduta

Na definição anterior, a expressão "conjunto de operações" resume a idéia de que o conceito de conduta não exclui nenhuma operação do organismo: além disso, essas operações formam uma totalidade estruturada. Essas operações podem ser aplicadas ao próprio organismo (autoplásticas, interoafetivas) ou ao meio ambiente (aloplásticas, exteroafetivas) e podem ser concretas ou simbólicas.

Comunicação e conhecimento do outro

A comunicação é o tipo de conduta pela qual um sujeito emissor participa a um sujeito receptor um significado, operando assim transformações diretas e indiretas na consciência e na conduta do segundo sujeito.

A comunicação é a condição necessária da interação, e toda interação é, de certo modo, uma comunicação. Por isso, embora se oponham comunicações verbais e não-verbais, é preciso distinguir condutas que são por sua essência condutas de comunicação (linguagem verbal, mímica) e condutas cuja função de comunicação procede de seu caráter interativo; por isso mesmo, sem a intenção de comunicação, minha presença altera a conduta do outro e reciprocamente.

Comunicação e linguagem

(Resumido de Nieto, J. e Peco, M. "Comunicación y lenguaje. Algunos aspectos de la teoría de los signos y sus relaciones con la conducta", Buenos Aires, UBA, Depto. de Psicologia, Publicação 392.)

No nível humano a comunicação se define (Bleger) como o "processo pelo qual os seres humanos condicionam reciprocamente sua conduta na relação interpessoal".

No sentido geral, pode-se dizer que a comunicação é um fenômeno característico inerente à vida. Segundo Shannon, a comunicação supõe um emissor ou fonte, uma mensagem que circula através de um canal ou contato físico e que chega a um destinatário chamado receptor. O conjunto de elementos envolvidos no processo de comunicação chama-se circuito de comunicação.

Toda mensagem se expressa por meio de um código que o receptor deve decodificar ou decifrar dentro do campo comum de experiências. Esse campo comum é chamado de contexto ou campo psicológico. O emissor pode conhecer o resultado ou efeito de sua emissão e modificar ou não sua conduta como conseqüência: esse processo se denomina *feedback* ou retroalimentação.

Existem três tipos de códigos: o verbal, constituído por signos verbais; o de ação (fazer determinadas coisas) é comunicar-se ou dar a entender significados por meio da ação; e o código somático, que se refere às condutas onde a mensagem é predominantemente observável ao nível da área do corpo. Por exemplo: ruborizar-se, desmaiar, que são maneiras de comunicar-se.

Teoria da Comunicação

(Resumido de Schram, Wilbur, comp., *The Process and Effect of Mass Comunication*, Illinois, Univ. of III Press, 1960.)

O processo de comunicação

Quando nos comunicamos estamos tratando de estabelecer uma "relação" com alguém. O que significa que tratamos de compartilhar certa informação, uma idéia ou uma atitude.

A comunicação requer sempre, pelo menos, três elementos: a fonte, a mensagem e o destino. Uma fonte pode ser um indivíduo (seja falando, escrevendo, desenhando ou gesticulando) ou um organismo de comunicação. A mensagem pode adotar a forma de tinta sobre papel, de ondas sonoras no ar, de impulsos de corrente elétrica, de uma bandeira agitando-se no ar ou de qualquer outro sinal capaz de ser interpretado significativamente. O destino pode ser um indivíduo, seja escutando, observando ou lendo; ou um membro de algum grupo; ou mesmo um indivíduo integrante daquele grupo particular que denominamos audiência de massas, tal como o leitor de um jornal ou um telespectador.

O que é que acontece quando a fonte trata de formar essa "relação" com seu pretenso receptor? Em primeiro lugar, a fonte codifica sua mensagem. Ou seja, dá ao sentimento ou informação que deseja compartilhar uma forma tal que permita sua transmissão. As "imagens em nossa cabeça" não poderão ser transmitidas enquanto não forem codificadas. O emissor tem boas razões para indagar se o receptor de sua mensagem estará realmente em sintonia com ele, se a mensagem será interpretada sem distorção, se a "imagem mental" do receptor terá alguma semelhança com a do emissor.

Se a fonte não possui uma informação adequada ou clara; se a mensagem não é codificada de maneira completa, correta e eficaz de acordo com signos transmissíveis; se estes não são transmitidos ao pretendido receptor de um modo suficientemente rápido e correto, em que pese a interferência e a competência; se a mensagem não é codificada de acordo com uma pauta que corresponda à codificação e, finalmente, se o destino é incapaz de manejar a mensagem decodificada a fim de produzir a resposta desejada, então, obviamente, o sistema não funciona em sua máxima eficiência. O receptor e o emissor devem estar sintonizados.

A fonte pode codificar, e o destino decodificar, apenas em termos da experiência que cada um teve. Se não houve experiência em comum, então a comunicação se torna impossível. Se as experiências de fonte e destino forem notavelmente diferentes, será então muito difícil conseguir entre ambos um pretendido significado em comum.

Cada pessoa é, ao mesmo tempo, codificador e decodificador. Recebe e transmite. Pode-se chegar à conclusão errônea de que o processo de comunicação começa e termina em alguma parte. É, na realidade, interminável. O processo de retorno se denomina retroalimentação (*feedback*) e desempenha uma parte muito importante na comunicação porque nos diz em que forma são interpretadas nossas mensagens. Um comunicador experiente está atento à retroalimentação e modifica constantemente suas mensagens à luz do que observa ou escuta em sua audiência.

Em qualquer tipo de comunicação, raramente enviamos mensagens através de apenas um canal, e esse é o elemento final que devemos acrescentar à nossa explicação do processo de comunicação. Quando você fala comigo, as ondas sonoras de sua voz constituem a mensagem primária. Mas existem outras: a expressão de seu rosto, seus gestos, a relação de uma mensagem dada com mensagens anteriores. A própria qualidade da voz (profunda, aguda, estridente, rouca, forte, débil, alta, suave) proporciona informação sobre você e o que está dizendo.

Sociologia da imagem corporal

(Resumido de Schilder, P., *Imagen y apariencia del cuerpo humano*, Buenos Aires, Paidós, 1977.)

O espaço e a imagem corporal

A imagem corporal se expande além dos limites do corpo. Por exemplo, qualquer tipo de roupa passa a integrar a imagem corporal.

Quanto mais rígida for a vinculação do corpo com o objeto, tanto maior será a facilidade com que se converterá em parte da imagem corporal. Mas os objetos que alguma vez estiveram vinculados com o corpo retêm para sempre parte da qualidade da imagem corporal. Por exemplo, tudo aquilo que se origina ou emana de nosso corpo continua a fazer parte dele: a voz, o hálito, o cheiro etc., continuam sendo parte da imagem corporal, mesmo que se tenham separado do corpo no espaço.

A imagem corporal agrega objetos ou se estende para o espaço (...) Nossa imagem corporal e as imagens corporais dos outros são dados primários da experiência, e desde o início existe uma vinculação sumamente estreita entre nossa imagem corporal e a dos outros (...) Realizamos um constante intercâmbio entre nossas imagens corporais e as dos sujeitos que nos rodeiam.

(...) Se tratamos de chegar a conclusões mais gerais podemos enunciar as seguintes proposições:

As imagens corporais nunca estão isoladas. Sempre se encontram rodeadas por imagens corporais dos outros.

A relação com as imagens corporais dos outros é determinada pelo fator de proximidade ou afastamento espacial e pelo fator da proximidade ou afastamento emocional (...)

As imagens corporais são, em princípio, sociais. Nossa própria imagem nunca está isolada, mas sempre acompanhada das imagens corporais dos demais.

Nossa própria imagem corporal e a dos demais não guardam uma dependência recíproca primária; são iguais e não é possível explicar uma em função da outra.

Existe um contínuo intercâmbio entre as partes de nossa própria imagem corporal e as imagens corporais dos demais. Há projeção e personalização. Mas, além disso, também é possível tomar toda a imagem corporal de outras pessoas (identificação) ou projetar a nossa integralmente.

O modelo postural do corpo não é estático: muda de acordo com as circunstâncias da vida. É uma constituição de tipo criador.

Imitação e imagem corporal

(...) Os fatores óticos e cinestésicos que colaboram na construção do modelo postural do corpo terão aqui uma importância fundamental, não apenas para a construção da imagem corporal dos demais. Seria melhor dizer que minha imagem corporal e as imagens corporais dos demais guardam uma estreita relação primária entre si. As ações dos demais também guardam relação com minhas próprias ações. Quando imito as ações e atos de outra pessoa, nada mais faço que reconhecer o profundo fator subjacente do caráter parcialmente comum da imagem corporal. É esse um fator sensorial básico. As tendências emocionais estão ligadas a ele e utilizam a construção sensorial da imagem corporal. E, evidentemente, existe um rico mundo de motivos e afãs que determinam o que desejamos imitar nos demais.

(...) Os movimentos sempre se encontram vinculados com a imagem corporal e jazem sob todas as leis relativas à imagem corporal.

Variabilidade da imagem corporal

(...) Todas as pessoas que nos rodeiam são necessárias para nossa construção do quadro do corpo. Uma vez construído nosso corpo, tornaremos a estendê-lo para o mundo, fundindo-o com outros corpos. Seria errôneo concluir disso que existem processos coletivos. Não existe nenhuma imagem corporal coletiva: o que acontece é que todo mundo constitui sua própria imagem corporal em contato com outras imagens. Entretanto, existe um constante dar e tomar, de modo que é certo que muitas partes das imagens corporais são comuns àquelas pessoas que costumam ver-se, que andam juntas, que guardam uma relação emocional recíproca.

Esquema corporal

(Mendilaharsu, C. e S. A. de, *in Enciclopedia de psiquiatría*, Buenos Aires, El Ateneo, 1977.)

Termo utilizado em psiquiatria e neurologia para designar um complexo neuropsicológico que inclui aspectos perceptivos, cognitivos e afetivos relativos ao corpo. Organização essencialmente dinâmica, cujas leis estruturais específicas ou mais gerais são conhecidas de forma muito fragmentária. O termo abrange domínios cuja exploração sistemática e articulação ainda não se realizaram e que carece de um modelo teórico único.

A percepção do corpo é o campo no qual centralizou-se a pesquisa neurológica, neurofisiológica e a patologia neurológica em sua maior parte. É o nível perceptivo do próprio corpo no qual o estudo das vias aferentes sensitivo-sensoriais tem uma importância de primeira ordem. Em particular, as vias como a percepção dolorosa cumprem um importantíssimo papel na integração neurofisiológica da percepção do corpo, que muitos autores assinalaram. Entretanto, não se insistiu suficientemente no papel decisivo da ação motora na constituição desse esquema, tanto da motilidade geral como da motilidade ocular.

Mas, como bem aponta Ajuriaguerra, baseando-se nos estudos de Piaget e sua escola, a gênese e permanência do esquema corporal não pode ser reduzida apenas à percepção, uma vez que a cognição e a representação do sistema corporal baseiam-se em outras atividades. Podemos considerar dois sistemas de representação que derivam, para Piaget, de esquemas sensorimotores. O sistema figurativo, que procede da imitação, interiorizada como imagens *per se*, e que depende intimamente da percepção imediata; e o sistema operacional, que não provém, como os anteriores, da acomodação a sistemas sensorimotores, mas da articulação deles, e é produto de processos assimilatórios, sendo, por conseguinte, muito mais independente do momento atual.

A este último refere-se o conceito de corpo, deixando claro que a percepção do corpo e o conceito do mesmo pertencem a níveis completamente diferentes da atividade cognitiva, e que esses níveis interagem apenas indiretamente. É só nesse nível que se pode falar psicologicamente em termos de componente de linguagem na representação corporal, e de autonomia da representação semântica do esquema corporal.

Definição de psicomotricidade

(Texto de Nelly Osuna, não publicado)

"Minha contribuição a este livro está dirigida à tentativa de esclarecer as observações das funções que estão comprometidas nas tarefas de expressão corporal onde se manifesta uma maneira de ser.

Essa forma de uma pessoa manifestar-se está intimamente ligada à psicomotricidade, disciplina que relaciona informações de diferente índole: funções motoras, do movimento, da ação e o desenvolvimento das funções psíquicas.

O objetivo é poder determinar as maneiras de agir peculiares a um sujeito determinado, para que se possa chegar à educação ou reeducação mais plena de seus atos, levando em consideração sua receptividade particular. Ao falar de receptividade psicomotora devemos entendê-la como a possibilidade de integrar no plano mental uma imagem correta de uma atitude ou movimento em relação à situação motora, intelectual ou afetiva em que se encontra esse indivíduo.

Esta disciplina surgiu das observações clínicas de pessoas com alterações motoras, intelectuais ou afetivas. Derivou, mais tarde, na necessidade de pesquisar essas funções durante a evolução da criança normal. Contribuiu e contribui com bases para toda a educação ou reeducação do gesto, da atitude, sua representação e vivência de si mesmo em seu dirigir-se à vida."

A esta apreciação de nossa colaboradora Nelly Osuna, nós, as autoras deste livro, queremos acrescentar algumas considerações. Embora reconhecendo e tendo buscado a contribuição de uma especialista em psicomotricidade, sabendo da necessidade de que cada professor tenha um cabal conhecimento dos fundamentos psicomotores da educação infantil, gostaríamos de resgatar especialmente o elemento imprescindível desta linguagem: a expressão corporal que, partindo da compreensão dos fenômenos psicomotores, deseja iniciar primordialmente a criança no caminho da busca e da afirmação de sua própria linguagem artística.

Psicomotricidade

(Resumido de Vayer, P., *El diálogo corporal*, Barcelona, Científico Médica, 1977, e Picq. L. e Vayer, P., *Educación psicomotriz y retraso mental*, Barcelona, Científico Médica, 1969.)

O conceito de educação psicomotora nos é útil para compreender que não educamos de forma fragmentária (corpo-mente), mas sim tratamos com uma estrutura integrada, e é como estrutura que vemos a criança na psicomotricidade.

Todas as escolas têm um denominador comum: todos os aspectos do desenvolvimento da criança estão intimamente vinculados a esse dado fundamental da personalidade que é a elaboração do esquema corporal.

Na atividade corporal existem dois aspectos complementares: 1) o aspecto funcional, e 2) o desenvolvimento do "eu" e a organização progressiva do conhecimento do mundo através da ação desse "eu" corporal.

Esses dois aspectos são absolutamente inseparáveis, sendo necessário pensar em termos de unidade e globalidade da pessoa.

A criança vive e cresce no seio de um mundo exterior do qual depende estreitamente; é o mundo dos objetos e o mundo dos demais.

A criança percebe esse mundo exterior através de seu corpo, ao mesmo tempo em que, também com seu corpo, entra em relação com ele. Todas as formas de relação, e o conhecimento é um aspecto da relação, estão ligadas à ação corporal.

De forma esquemática, podemos recordar, com Lagache, três noções essenciais, intimamente relacionadas entre si, que são as condições do desenvolvimento geral da criança:

— A noção do próprio corpo, que é preciso estender à do esquema corporal.

— A noção de objeto.

— A noção dos demais.

A primeira educação só pode ser global, partindo do que já foi vivido, e isso é precisamente o que propõe a educação psicomotora.

Quanto ao desenvolvimento psicomotor, o comportamento psicomotor está relacionado com todos os aspectos tanto do conhecimento como da relação, sendo sua observação um elemento importantíssimo na captação da personalidade infantil.

Vayer tratou de elaborar uma concepção psicopedagógica da educação psicomotora. Embora essa concepção da educação do ser completo através de seu corpo tenha sido utilizada especialmente com fins reeducativos, a verdade é que essa aplicação foi amplamente ultrapassada até transformar-se na educação pelo movimento no transcurso da segunda infância, ou seja, da criança de 4 a 8 anos, mais ou menos. Lamentavelmente, quando se fala de educação, pensa-se quase exclusivamente na educação escolar, esquecendo-se das leis fundamentais do desenvolvimento psicológico da criança.

Hoje em dia, quando se fala de educação psicomotora, isso se refere à educação mental da expressão motora; o que se trata é de obter uma organização que possa atender, de forma consciente e constante, às necessidades dos deslocamentos do corpo, dos movimentos do olhar e das solicitações auditivas.

Existe uma série de princípios ou leis que fundamentam a existência de uma educação psicomotora, e são esses os que nos interessa levar em consideração para poder depois compreender a existência de etapas num desenvolvimento psicomotor.

Dupré diz que existe um estreito paralelismo entre o desenvolvimento das funções motoras, do movimento e da ação, e o desenvolvimento das funções psíquicas.

Durante a primeira infância, motricidade e psiquismo estão entrelaçados, confundidos: são dois aspectos indissolúveis do funcionamento de uma mesma organização.

Todos os autores: neuropsiquiatras, psicólogos, pedagogos, insistem na importância capital do desenvolvimento psicomotor no transcurso dos três primeiros anos de vida. Efetivamente, aos três anos as aquisições da criança são consideráveis; possui todas as coordenações neuromotoras essenciais: andar, correr, saltar, a palavra e a expressão, o jogo, o sentido do bem e do mal.

Essas aquisições são, sem dúvida, o resultado de um amadurecimento orgânico progressivo, mas, ao mesmo tempo, o fruto da experiência pessoal. Em todos os estágios o dinamismo motor está estreitamente ligado à atividade mental: desde o ato motor até a representação mental, estão escalonados todos os níveis, todas as etapas da relação entre o organismo e o meio.

Na segunda infância (3-4 a 7-8 anos), as aquisições motoras, neuromotoras e perceptivo-motoras efetuam-se num ritmo rápido: tomada de consciência do próprio corpo, afirmação da dominância lateral, orientação com relação a si mesmo, adaptação ao mundo exterior (...)

Agora, a estreita relação motricidade-psiquismo que observávamos na primeira infância é seguida por uma diferenciação cada vez maior entre as funções.

A evolução psicomotora da criança determina a aprendizagem da leitura e escrita. Para poder fixar a atenção, a criança deve ser capaz de controlar-se: domínio do próprio corpo e inibição voluntária.

Para conseguir e poder utilizar os meios de expressão gráfica necessita ver, recordar e transcrever num sentido bem-definido: da esquerda para a direita; hábitos motores e psicomotores.

Para terminar, a mão, prolongada com os materiais para escrever, é o instrumento da expressão gráfica, e a escrita é, em si mesma, um exercício psicomotor. Isso implica na independência do braço em relação ao ombro, da mão em relação ao braço, na independência dos dedos, sendo, ao mesmo tempo, um exercício de apreensão, de pressão e de coordenação.

A educação psicomotora trata de obter a consciência do próprio corpo, o domínio do equilíbrio, o controle e, mais tarde, a eficácia das diversas coordenações globais e segmentares, o controle da inibição voluntária e da respiração, a organização do esquema corporal e a orientação no espaço; uma correta estruturação espaço-temporal e as melhores possibilidades de adaptação ao mundo exterior.

Em qualquer situação estão sempre presentes, repetimos, a criança e o mundo exterior, ou seja, o mundo dos objetos e o mundo dos demais.

Todos os aspectos da relação dirigidos ao conhecimento, ou tudo o que é vivido no plano afetivo, estão vinculados à corporeidade.

A criança ante o mundo exterior.

Para poder adaptar-se às diversas situações desse mundo exterior e a suas eventuais modificações, a criança deve possuir a consciência, o conhecimento, o controle e a organização dinâmica de seu próprio corpo, e assim:

1) Para dominar suas pulsões e inibições, a criança deve conhecer-se e controlar-se; isto implica:

— consciência e controle de seu próprio corpo;

— controle do equilíbrio e da respiração;

— consciência e uso de seus braços e pernas, ou seja, a independência segmentar e a independência direita-esquerda.

2) Deve ser capaz de escolher entre os estímulos e organizar suas próprias percepções;

— capacidade de organização perceptiva;

— possibilidades de mobilizar sua atenção.

3) Para levar a cabo as ações a que se propõe ou os esquemas motores, deve estar em condições de:

— controlar suas diversas coordenações, tanto globais como segmentares;

— controlar seus deslocamentos;

— adaptar-se às condições de espaço e tempo.

4) Finalmente, é preciso que leve em consideração o mundo dos demais, para o que fará progressivamente:

— o conhecimento do outro;

— o controle de suas relações com o outro;

— a coordenação de suas relações com as dos demais para conseguir um objetivo comum.

Para chegar:

— ao respeito do outro e às primeiras noções morais.

A primeira educação deve, pois, propor-se a dar à criança, com o conhecimento de seu "eu" corporal, a organização dinâmica do uso de si mesma.

Deve ser uma educação do ser integral através de seu corpo, ou seja, uma educação psicomotora.

O tato

(Anaiev, B. e outros, *El tacto en los procesos del conocimiento y el trabajo*, Buenos Aires, Tekné, s/d.)

O estudo comparativo das percepções visuais e táteis na criança em idade pré-escolar demonstrou que os analisadores[1] correspondentes dão uma imagem mais ou menos clara ou exata da forma de um objeto.

Segundo Shebalin, nessa etapa, o conhecimento se baseia tanto nas percepções visuais como nas táteis. Entretanto, o tato reflete as formas do objeto com menos exatidão que a visão. A imagem produzida ao tato (com exclusão da visão) só é exata quando existe treinamento; por seu intermédio, a criança percebe numerosas propriedades do objeto (especialmente sua consistência, elasticidade, dureza) não perceptíveis à visão.

Nesse sentido, são muito interessantes as experiências psicológicas de Rosenfeld, que demonstrou que o tato passivo destaca de forma desigual diversos aspectos e propriedades do objeto nas crianças em idade pré-escolar. Nesses casos, elas determinam com maior freqüência a forma do objeto (30%), e seu tamanho (20%), o material com que está elaborado (20%) e, em menor medida, o peso (13%). Muito poucas vezes chegam a determinar a temperatura e outras propriedades (10%), o que demonstra que na sensibilidade tátil infantil predominam os receptores do tato propriamente ditos.

A forma, tamanho, peso e consistência do objeto são os principais elementos percebidos pela criança mediante o tato ativo; a união de todos esses componentes da percepção ativa é obtida pelo reflexo da forma ou estrutura do objeto.

O estudo comparativo do tato ativo e da percepção visual mostrou que a formação das imagens táteis numa criança normal integra as imagens visuais de objetos conhecidos em experiências anteriores e, ao contrário, a forma-

---

1. Receptores do sistema nervoso que se encontram na pele.

ção de uma representação visual de um objeto inclui a percepção tátil do mesmo.

O fato de transferir o conhecimento do objeto do campo tátil ao visual constitui um valioso elemento para desenvolver o processo de síntese na atividade intelectual da criança; isso foi comprovado numa série de experiências (Jachapuridze).

Nesse processo, tem grande importância a aprendizagem da fala e, sobretudo, o ensino de um vocabulário extenso. Para que a criança possa generalizar os conhecimentos sensíveis, é imprescindível que intervenha *a palavra* como designação das propriedades táteis e visuais dos objetos. Disso depende também que as associações audiovisuais sejam estáveis: juntamente com o desenvolvimento da linguagem, com as formas gramaticais, forma-se o pensamento lógico e o processo de percepção chega a converter-se em julgamentos particulares e claros. Durante a idade pré-escolar, a criança avança muito nesse sentido.

A vinculação entre atividade e tato tem também sua própria história no desenvolvimento individual da criança. Um dos requisitos para a formação das ações com objetos nas crianças pequenas é o desenvolvimento da percepção tátil e da cinestesia da mão, que constitui a base da coordenação visomotora. A formação gradual do ato ativo influi diretamente no desenvolvimento de ações com objetos, o que constitui, para a criança, um meio importante de conhecer, de forma prática, o mundo que a rodeia. No início, tais atos manifestam-se na atividade lúdica e em hábitos elementares de higiene pessoal organizados no período pré-escolar (em creches e pré-escolas). Das pesquisas psicológicas mais recentes (Zaporozbetz, Abramóvich, Leitman, Tij etc.) pode-se deduzir que *a experiência acumulada pela criança em suas ações com objetos tem enorme importância em seu desenvolvimento intelectual.*

Pode-se considerar que isso está vinculado com a formação gradual de imagens que regulam a atividade, com o reflexo nelas das propriedades objetivas das coisas que cercam a criança e com as quais está em contato direto. Durante o período escolar, o estudo se converte na atividade mais destacada da criança: nesse processo vão sendo estruturados seus processos intelectuais complexos que lhe permitem assimilar conhecimentos. Entretanto, pesquisas recentes demonstraram que tais processos dependem das *ações com objetos*, com sua complexa estrutura sensorimotora. Wallon expressa esse desenrolar do desenvolvimento objetivo na fórmula "do ato ao pensamento". Os métodos aplicados na escola primária, que utilizam nas aulas diversos tipos de material ilustrado e prático com a finalidade de que a criança assimile conhecimentos e hábitos elementares, baseiam-se principalmente nesse conceito. Nesse sentido, adquirem particular importância os diversos materiais didáticos utilizados e os exercícios práticos sistemáticos que são propostos aos alunos.

As atividades que exigem um treinamento elementar de dimensões, a modelagem, os trabalhos manuais e outros, constituem ações objetivas que, por sua complexidade, estão reguladas pelo tato e pela visão, e pela relação entre ambos os sentidos.

Mas, até pouco tempo atrás, esses aspectos da atividade objetiva ocupavam um lugar secundário no sistema de ensino. Por esse motivo, as crianças limitavam-se a escutar, observar, expor etc. (mecanismos audiovisuais e de fonação). Com a introdução do trabalho manual no processo do ensino primário, essa situação modificou-se essencialmente. Simultaneamente ao desenvolvimento de conhecimentos e hábitos, o trabalho manual amplia o papel do tato e da cinestesia da criança em relação ao mundo circundante. Juntamente com isso, forma-se gradualmente um complexo sistema de conexões temporais, vinculadas ao papel regulador das imagens táteis no trabalho, elementos que constituem a base da preparação para suas futuras atividades.

Um dos elementos para desenvolver a capacidade de trabalho é o aperfeiçoamento gradual da cinestesia e da memória tátil-motora, base sensorial da destreza e da habilidade.

APÊNDICE B

REGISTRO DE UM TRABALHO

Este é um exemplo de como alguns dos aspectos que abordamos neste livro foram reelaborados e postos em prática por um grupo de docentes numa pré-escola, depois de ter participado de um curso sobre "A expressão corporal na pré-escola", organizado sob o tema "A criança e seu corpo".

Incluímos aqui este exemplo por considerar que poderá servir ao propósito da presente obra, que não é outro senão o de estimular a capacidade criativa e integradora de nossos leitores.

Esse grupo de professores manifesta:

"Sendo nossa intenção seguir crescendo e aperfeiçoando-nos o máximo possível em nossa tarefa, convidamos a professora Patricia Stokoe a dar um curso sobre expressão corporal para o corpo docente e direção da 'Amapola'.

O trabalho que expomos a seguir é produto dessa experiência somada à que, cotidianamente, nos dá o trabalho com as crianças."

É nosso desejo, portanto, mostrar aqui o modo pelo qual essas professoras de pré-escola fizeram sua elaboração baseadas no estímulo proporcionado por alguns aspectos dessa proposta, desejando que, ao fazê-lo, despertem no leitor suas próprias imagens.

Colaboraram: Olga Vaintraub, Alba Gesiot, Nora Lipzik, Mónica Fanton, Mónica Vul, Raquel Escutti, Patricia Suárez, Diana Rubi, Mirta Luchtan, Susana Galperin, Elsa Carnevale.

Para trabalhar com as crianças de 2 e 3 anos

1.ª aula: O corpo

Vamos conhecer nosso corpo.

  a) Podemos tocar nosso corpo?
  b) O que podemos fazer com nosso corpo? (Saltar, arrastar-nos, rodar.)

Objetivo: Avaliar as possibilidades que a criança encontra em seu corpo.

2.ª aula: A cabeça

  a) Quantas cabeças temos?
  b) Podemos tocá-la?
  c) É dura, mole?
  d) Onde temos cabelo? O que podemos fazer com o cabelo? Olhar o cabelo dos companheiros. De que cor é? É crespo, é comprido ou curto? Podemos dar nós no cabelo?
  e) Brincar de acariciar nosso companheiro com o cabelo.

3.ª aula: Os olhos

  O que podemos fazer com os olhos?

  a) Abrir, fechar.
  b) Tapar.
  c) Arregalar.
  d) Olhar para um lado e outro.
  e) Com quantos dedos tapamos um olho?

f) Aplaudir com os olhos.

g) Olhar as cores.

h) Introduzir brevemente a noção de pescoço.

i) Os olhos são uma máquina fotográfica: andar pela sala e "clic", fotografar. A um sinal determinado, parar e tirar uma foto de algo já combinado (um companheiro, a parede, um quadro, um brinquedo etc.).

4.ª aula: A boca

Como é nossa boca?

a) Pode ficar pequena, grande? Torcer, moder, esconder os lábios.

b) Podemos cantar com a boca pequena, grande?

c) Gritar com a boca grande que vai ficando cada vez menor.

d) O que temos dentro da boca?
Os dentes: Fazer ruídos. São duros ou moles? De que cor?
A língua: É comprida? Até onde chega? Fazer ruídos.

e) As expressões da boca.

5.ª aula: O nariz — As orelhas

O nariz:

a) É duro, mole?

b) Podemos movê-lo?

c) Quantos buraquinhos tem?

d) Conhecer diferentes cheiros (perfume, café, mexerica)

As orelhas:

a) O que temos ao lado da cabeça? Podemos brincar com elas?

b) São moles, duras?

c) Dobrá-las, esticá-las.

d) Reconhecer diferentes sons.

6.ª aula: As mãos

a) Quantas temos?
b) Quais são as suas partes?
c) Como são os dedos? Quantos são?
d) Podemos endurecê-los, amolecê-los?
e) Podemos fazer as mãos ficarem pequenas, grandes?
f) Há partes duras e moles? Onde?
g) Desenhar a mão numa folha de papel, acariciar-se acariciar o outro, abrir os dedos, fechá-los, fazer pontes.
h) Jogos para ver como gritam as mãos, como dormem.

7.ª aula: Os braços

a) São duros, moles?
b) Onde começa o braço? Onde termina?
c) Pôr os braços perto do corpo.
d) Pôr os braços longe do corpo.
e) Escondê-los.
f) Pôr para cima, pôr para baixo.
g) Jogo: movendo os braços para dentro.

> "Ponho os braços para dentro,
> ponho os braços para fora.
> ponho os braços bem retos
> e mexo desta maneira."

8.ª aula: As pernas (sentados no chão)

a) Procurar partes duras e moles.
b) Brincar de amassar as pernas (como se fosse com massa).
c) O que podemos fazer com as pernas? Abaixar, levantar, chutar, fazer nós com as pernas, engatinhar, fazer pontes com as pernas.

9.ª aula: As pernas

a) O que fazer com as pernas? Correr, saltar, caminhar. Para trás e para frente.

b) As pernas se mexem quando estamos deitados? Bicicleta, aplaudir com as pernas.
c) Caminhar como gatos.
d) Jogo: corrida de automóveis.

10.ª aula: Os pés

a) O que eles têm? Dedos, unhas, calcanhar.
b) Onde é mole? Onde é duro?
c) Os dedos do pé são mais curtos que os da mão?
d) Aplaudir com os pés.
e) Dançamos com os pés.
f) Ficar na ponta dos pés.
g) Caminhar sobre os calcanhares.
h) Caminhar sobre a beirada externa dos pés.
i) Os pés podem acariciar?
j) Pedigrafia.

11.ª aula: O corpo

Tocar nosso corpo, nomeando as partes.
a) Endurecer tudo.
b) Amolecer tudo.
c) Corpo cansado.
d) O corpo está contente e dança.

12.ª aula: O corpo

a) Dobrar-se.
b) Ser cobrinha (arrastar-se).
c) Enrolar-se.
d) Rodar como barrizinhos.
e) Balançar como rede.
f) Silhueta do corpo.

Para trabalhar com crianças de 4 e 5 anos

1.ª aula: A cabeça

a) Trabalhamos com a cabeça com a intenção de ir descobrindo as diferentes partes que a compõem:

— partes duras, partes moles;
— possibilidades de movimento;
— possibilidades de sons;
— relações de tamanho entre umas partes e outras.

b) Onde está a cabeça?
c) Quantas temos?
d) Que forma tem? Vamos tocá-la?
e) É toda igual?
f) Conhecemos a parte de trás da cabeça?
g) O que tem?
h) Brincar com o cabelo: tocá-lo, fazer cachinhos, acariciá-lo, movê-lo, brincar de lavar a cabeça, pentear-se com os dedos.
i) Procurar uma parte dura. Faz ruídos? Existem mais partes duras ou moles?
j) Quantas mãos necessito para tapar as partes duras?
k) Onde há mais partes duras: na frente ou atrás?
l) Continuar brincando com o cabelo.

Quando falamos de mexer os cabelos, propomos a separação em dois grupos: um grupo olha e o outro fica em pé e mexe os cabelos. Ver que coisa nos faz lembrar (espanadores, pincéis etc.). Um grupo e depois o outro.

m) Como final de aula, propor pintar a sala, passar o espanador etc. Segundo a sugestão dos alunos, podemos acompanhá-los com música de discos, canções, cantarolando etc.

2.ª aula: Os olhos

Seguimos com o desenvolvimento dos itens da aula anterior.

a) Lembram-se de que parte da cabeça tinha as partes mais moles? Nós a tocamos?
b) O que encontramos? Suponhamos que surjam como primeira descoberta os olhos.

c) Quantos são?

d) Posso movê-los sem mexer a cabeça?

e) E se não quero ver mais, o que faço?

f) E se quero ver com um olho só?

g) Aos pares: O olho inteiro do companheiro é de uma só cor? Quantas são? Qual a cor que ocupa mais espaço? Qual a que ocupa menos?

h) Dar a possibilidade de fazer jogos entre três crianças para comparar diferentes cores de olhos.

i) Comprovar até onde enxergamos com um olho tapado, sem dobrar a cabeça. Podemos mexer a cabeça com um olho tapado?

j) Vamos brincar de tirar fotos: de diferentes lugares e de diferentes posições.

k) Para terminar, um período de relaxamento: sentar e tirar fotos das diferentes partes do corpo, cada vez mais localizadas: corpo inteiro, perna, joelho, pé, dedos, unhas. Também tirar fotos do chão deitados de bruços. Depois guardar a máquina e assim terminar.

3.ª aula: O nariz — As orelhas

a) Para continuar descobrindo o rosto podemos formular as seguintes perguntas:

— Qual a parte que mais sobressai?

— Posso conhecer meu rosto com os olhos tapados?

— O que posso descobrir no meu rosto com os olhos fechados?

— Que partes posso tapar com uma das mãos e para que partes necessito das duas?

— E com um só dedo? (sobrancelhas, narinas).

b) Deparamo-nos com o nariz, propondo, no fim, a primeira pergunta:

— O nariz tem partes duras?

— Podemos movê-lo sem mover o rosto?

— Ajudados por um dedo, subimos, descemos, levamos o nariz para um lado e outro.

— Orifícios: sons tapando um ou ambos. Mudança de voz.

c) Se percorremos a superfície do rosto para os lados do nariz, o que é que encontramos? A orelha.

— Apalpamos suas beiradas com um delo descobrindo partes duras e moles.

— Com o que se parece?

— Podemos dobrá-las para que fiquem pequeninas?

— Podemos movê-las sem tocá-las?

— Eu me escuto quando falo? Continuo escutando se tapo as orelhas? O que acontece se tapo minhas orelhas enquanto falo?

— Dividir o grupo em pequenos subgrupos: uns falam e outros escutam de diferentes maneiras.

— Se faço um canudo com as mãos e apóio nas orelhas, como escuto os sons?

— Apoiando a orelha contra a parede. O que escutamos?

— Ficar calados um momento e escutar os ruídos que vêm de fora.

— Contar todos os ruídos que foram escutados.

4.ª aula: A boca

a) Que jogos podemos fazer com a boca?

b) Movê-la para dizer as vogais.

c) Podemos tocar o nariz com os lábios? Com a língua?

d) Percorrer toda a boca com a língua.

e) Acariciar os dentes com a língua. Pelo lado de dentro e de fora.

f) Tocar com a língua as bochechas do lado de dentro.

g) Comer uma bala. Fazer bolas com chiclete.

h) Fechar a boca, encher as bochechas e amassá-las.

i) Deixar a boca dura, dura. Deixar a boca mole,

j) Que partes da boca podemos tapar com a pontinha do dedo? Como tapamos um lábio? Como tapamos a boca?

k) Tomar um lábio entre os dentes.

l) Os dentes fazem barulhinhos? A língua faz barulho?

m) Podemos fazer com que a língua "dance" dentro da boca fechada?

n) Brincar de orquestra, emitindo sons que imitem os instrumentos.

o) Mexer a cabeça cantando uma canção com a boca fechada.

5.ª aula: A pele

a) Há no corpo partes mais duras que outras? Quais são?

b) Podemos ver se o corpo está separado ou unido entre si? Procurar, tocar.

c) Encontrar quais as partes que estão unidas e por onde: braços, pernas. Pesquisar parte por parte.

d) O que é que cobre o corpo? A pele.

e) Imaginar que estamos nus e percorremos com as mãos todo o corpo.

f) Com que parte da mão é mais fácil percorrê-lo?

g) Pode-se mexer o corpo? Como? Para frente, para trás, de lado.

h) Encolher-se e esticar-se.

i) Aos pares: um no chão e outro procura partes duras e partes moles: nomeá-las.

j) Para terminar a aula, cantamos a canção do padeiro enquanto amassamos o corpo do companheiro:

"Amassar, amassar
um pão para mim.
Um grande, um pequeno
marcado assim:
com C para Cláudia e M para mim."

(letra de Patricia Stokoe)

6.ª aula: O corpo

a) Começar trabalhando aos pares, um no chão e outro o amassa como se fosse de massa de modelar.
b) Brincar de fazer bonecos de massa com o corpo do companheiro, amassar tudo e depois dar forma. Inverter os papéis. Marcar as duas formas de amassar: suave e forte.
c) Buscar uma posição: agachados, ficar bem mole; o outro comprova se realmente o corpo está mole.
d) O que está no chão se mexe sozinho, enquanto os outros o incentivam dizendo: mole, mole. Inverter os papéis.
e) Deixar o corpo duro e revezar, fazer notar que se está bem duro pode-se mexer (pelas articulações).
f) Fazer notar o controle que temos sobre os músculos para poder deixar o corpo mole e duro.

7.ª aula: As mãos

a) Brincar com elas. Olhar. Tocar os dedos, acariciar-se. As mãos se beijam. Brigam entre elas.
b) Percorrer a mão, palma e costas; partes duras e partes moles.
c) Descobrir que existem dedos.
d) Amolecer e contrair os dedos. Todos. Um por um.
e) Montar os dedos uns sobre os outros.
f) Percorrer os dedos de uma das mãos com acompanhamento de vocalizações (sons onomatopaicos).

g) Girar toda a mão. Movimentos para dentro, para fora.

h) Como final, expressar-se com as mãos, sem ruídos.

Exemplos: As mãos gritam.

As mãos estão tristes.

As mãos têm sono etc.

Quando tocamos nossas mãos, falar de ativo e passivo.

A mão que é tocada é passiva.

A mão que toca é ativa.

8.ª aula: A coluna

a) Deitar de barriga para baixo.

b) Trabalhar aos pares. Descobrir partes duras e moles, dirigir a busca para a localização da coluna, (imaginá-la com um risco).

c) Brincar com o "risco" do companheiro: percorrer de baixo para cima com o dedo. Percorrer de cima para baixo com o dedo. Brincar de sobe e desce com as curvaturas. Percorrê-la produzindo sons.

d) Ficar em pé ou sentar-se aos pares, coluna com coluna.

e) Imaginar que estamos fazendo um zíper com nossa coluna. Um é o zíper, e outro é quem o abre e fecha percorrendo a coluna de baixo para cima para fechar (erguer-se) e em sentido inverso para abrir (relaxar-se, agachando).

f) Individual. Posso deixar a coluna mole? Posso tocá-la? De que forma?

g) Que movimentos a coluna nos permite fazer?

h) Brincar de escutar o joelho, levando-o para perto da orelha.

i) Podemos assim escutar os pés?

j) Limpar o nariz com o joelho.

k) Olhar pelas "janelas" que faço com diferentes partes do corpo.

l) Terminar com jogos de relaxamento. Deixar o corpo mole, mole.

9.ª *aula: A coluna*

a) Dançar com a coluna.

b) Dois grupos, um é o vento e o outro os movimentos.

— Brisa.

— Vai aumentando a tormenta.

— Assobiar com as rajadas.

— Terminar em brisa.

— Sugerir outras imagens motivadoras: ondas etc.

c) O que aconteceria se tivéssemos a coluna dura e quiséssemos virar?

d) Procurar outras partes duras ao lado da coluna. Dirigir para as omoplatas. Pesquisar em si mesmo e no companheiro. Escondê-las. Fazê-las aparecer. Quantas são?

e) Posso mexer uma omoplata só, as duas alternadas.

f) Tenho coceira nas costas. Movimentos: coçar-se na parede, no chão, na porta.

g) Posso juntá-las? Aos pares, costas contra costas; juntar as omoplatas, coçar as omoplatas.

h) Como corolário: "domar" as omoplatas.

BIBLIOGRAFIA

Aberastury, A. *El niño y sus juegos*, Buenos Aires, Paidós, 1968.

Autores vários: "Cuerpo, espacio, movimiento", *Revista argentina de psicología*, 1975, año V, n.º 17-18.

Bara, A. *La expresión por el cuerpo*, Buenos Aires, Búsqueda, 1975.

Bartal, L. *Movement, Awareness and Creativity*, Souvenir Press, 1975.

Bovone, G. de y Aranzano, R. de. "El niño y los medios de expresión", en *Enciclopedia práctica escolar*, Buenos Aires, Ed. Latina, 1971.

Brikman, L. *El lenguaje del movimiento corporal*, Buenos Aires, Paidós, 1976.

Carlquist, M. y Amylong, T. *Gimnasia infantil. En busca del ritmo en la gimnasia*, Buenos Aires, Paidós, 1954.

Davis, F. *El lenguaje de los gestos*, Buenos Aires, Emecé, 1974.

Demarchi, D. M. y Cedro, I. M. F. de. *Expresión corporal, Primer nivel*, Buenos Aires, Kapelusz, 1973.

Doat, J. *La expresión corporal del comediante*, Buenos Aires, Eudeba, 1960.

Gesell, A. y otros. *Psicología evolutiva de 1 a 16 años*, Buenos Aires, Paidós, 1972.

Herbon, A. *Educación y expresión estética*, Buenos Aires, Plus Ultra, 1978.

Jaritonsky, P. y Gianni, C. *El lenguaje corporal del niño preescolar*, Buenos Aires, Ricordi Americana, 1978.

Koupernik, C. *Desarrollo psicomotor de la primera infancia*, Barcelona, Miracle, s/f.

Lézine, I. *El desarrollo psicomotor del niño*, Barcelona, Grijalbo, 1971.

Piaget, J. *El nacimiento de la inteligencia en el niño*, Madrid, Aguillar, 1969.

——————. *La construcción de lo real en el niño*, Buenos Aires, Proteo, 1963.

—————— y Wallon, H. *Los estadios en la psicología del niño*, Buenos Aires, Lautaro, 1963.

Schilder, P. *Imagen y apariencia del cuerpo humano*, Buenos Aires, Paidós, 1977, 2.ª ed.

Stokoe, P. *La expresión corporal y el niño*, Buenos Aires, Ricordi Americana, 1976, 3.ª ed.

——————. *La expresión corporal y el adolescente*, Buenos Aires, Barry, 1976, 2.ª ed.

——————. *La expresión corporal. Guía didáctica para el docente*, Buenos Aires, Ricordi Americana, 1978.

—————— y Schächter, A. *La expresión corporal*, Buenos Aires, Paidós, 1979, 2.ª ed.

Vayer, P. *El diálogo corporal*, Barcelona, Científico Médica, 1972.

Wallon, H. *La evolución psicológica del niño*, Barcelona, Grijalbo, 1974.

——————. *Estudios sobre psicología genética de la personalidad*, Buenos Aires, Lautaro, 1965.

——————. *Del acto al pensamiento*. Buenos Aires, Lautaro, 1965.

NOVAS BUSCAS EM EDUCAÇÃO
VOLUMES PUBLICADOS

1. *Linguagem Total* — Francisco Gutiérrez.
2. *O Jogo Dramático Infantil* — Peter Slade.
3. *Problemas da Literatura Infantil* — Cecília Meireles.
4. *Diário de um Educastrador* — Jules Celma.
5. *Comunicação Não-Verbal* — Flora Davis.
6. *Mentiras que Parecem Verdades* — Umberto Eco e Marisa Bonazzi.
7. *O Imaginário no Poder* — Jacqueline Held.
8. *Piaget para Principiantes* — Lauro de Oliveira Lima.
9. *Quando Eu Voltar a Ser Criança* — Janusz Korczak.
10. *O Sadismo de Nossa Infância* — Org. Fanny Abramovich.
11. *Gramática da Fantasia* — Gianni Rodari.
12. *Educação Artística* — luxo ou necessidade — Louis Porches.
13. *O Estranho Mundo que se Mostra às Crianças* — Fanny Abramovich.
14. *Os Teledependentes* — M. Alfonso Erausquin, Luiz Matilla e Miguel Vásquez.
15. *Dança, Experiência de Vida* — Maria Fux.
16. *O Mito da Infância Feliz* — Org. Fanny Abramovich.
17. *Reflexões: A Criança — O Brinquedo — A Educação* — Walter Benjamim.
18. *A Construção do Homem Segundo Piaget* — Uma teoria da Educação — Lauro de Oliveira Lima.
19. *A Música e a Criança* — Walter Howard.
20. *Gestaltpedagogia* — Olaf-Axel Burow e Karlheinz Scherpp.
21. *A Deseducação Sexual* — Marcello Bernardi.
22. *Quem Educa Quem?* — Fanny Abramovich.
23. *A Afetividade do Educador* — Max Marchand.
24. *Ritos de Passagem de nossa Infância e Adolescência* — Org. Fanny Abramovich.

25. *A Redenção do Robô* — Herbert R'ad.
26. *O Professor que não Ensina* — Guido de Almeida.
27. *Educação de Adultos em Cuba* — Raúl Ferrer Pérez.
28. *O Direito da Criança ao Respeito* — Dalmo de Abreu Dallari e Janusz Korczak.
29. *O Jogo e a Criança* — Jean Chateau.
30. *Expressão Corporal na Pré-Escola* — Patricia Stokoe e Ruth Harf.
31. *Estudos de Psicopedagogia Musical* — Violeta Hemsy de Gainza.
32. *O Desenvolvimento do Raciocínio na Era da Eletrônica* — Os Efeitos da TV, Computadores e "Videogames" — Patrícia Marks Greenfield.
33. *A Educação pela Dança* — Paulina Ossona.
34. *Educação como Práxis Política* — Francisco Gutiérrez.
35. *A Violência na Escola* — Claire Colombier e outros.
36. *Linguagem do Silêncio* — Expressão Corporal — Claude Pujade-Renand.
37. *O Professor não Duvida! Duvida!* — Fanny Abramovich.
38. *Confinamento Cultural, Infância e Leitura* — Edmir Perrotti.
39. *A Filosofia Vai à Escola* — Matthew Lipman.
40. *De Corpo e Alma* — o discurso da motricidade — João Batista Freire.
41. *A Causa dos Alunos* — Marguerite Gentzbittel.
42. *Confrontos na Sala de Aula* — uma leitura institucional da relação professor-aluno — Julio Groppa Aquino.

www.gruposummus.com.br

IMPRESSO NA **sumago** gráfica editorial ltda
rua itauna, 789 vila maria
02111-031 são paulo sp
tel e fax 11 **2955 5636**
sumago@sumago.com.br

GRÁFICA *sumago*